J新書 30

ナチュラルスピードがどんどん聞き取れる

もっと魔法のリスニング

英語の耳づくりエクササイズ 120

リサ・ヴォート
Lisa Vogt

Jリサーチ出版

☆はじめに☆

ネイティブのナチュラルスピードに もう"たじろがない"

　英語には日本語にない音と強弱のリズムがあります。そのため、それを知らないまま英語の聞き流しを行っても、リスニング力はなかなか身につきません。なぜなら文字どおり英語が耳を通り抜け、流れてしまうからです。
　あらかじめ英語の音の変化を知り、単語単位ではなく短めの実用例文で聞き慣れておくこと。そうすればネイティブスピーカーの速い英語もラクラク聞き取れるようになります。
　本書は日常会話で頻繁に使われ、かつ日本人の方がどうしても耳から取りこぼしてしまう2～6語の語句のかたまりを120クローズ・アップしました。短めの実用例文を使って、苦手意識の高い音の変化をピンポイントで耳に染み込ませることができます。

CDは
ゆっくり➡ナチュラルの2回読み

　CDはゆっくり（低速）→ナチュラル（普通）の2つのスピードで収録してありますので、初級者の方から安心して使うことができます。小難しい発音記号はほとんど使いません。英語圏の子どもたちが身の回りでよく耳に入る言葉から身につけるように、CDを繰り返し聞くことで吸収していってください。例文はすべてネイティブスピーカーの私が厳選した実用的な表現ばかりです。音声を聞き、ときには自分でも口ずさみながら、ぜひ英語の音の変化に強くなってください。

　それではさっそく英語の耳づくり、スタートです！

リサ・ヴォート

☆本書の使い方☆

120の英語の耳づくりエクササイズに取り組めば、これまでとりこぼしてきた英語の音が急速に聞き取れるようになります。

本書ではネイティブスピーカーが普段使っている「話し言葉」を取り上げ、書き言葉と比較してどんな音に変わっているかを紹介しています。聞こえてくる音はアルファベット文字で表記しています。

(※カタカナ文字で表記した本もよく見ますが、カタカナでは伝えきれない音の変化が英語には多いため、本書ではアルファベット表記を採用しています)

また、本書はアメリカ英語の発音に準じて作成されています。

STEP 1 まず最初はページを見ずに、CDに収録されている見出し語句の音声を聞いてみましょう。

STEP 2 次に見出し語句を見ながらもう1度CDを聞いてみましょう。すぐ下の【実際はこう聞こえる】にはアルファベットで実際の聞こえ方を表記しています。どの言葉がどう変化するかチェックしてください。

STEP 3 今度は「Listen carefully!」にある5つの例文をCDで聞いてみましょう。ここではネイティブの人が実際の会話シーンでよく使う表現を取り上げています。色分けされた箇所を中心に、聞こえてくるネイティブの声を耳に染み込ませてください。

STEP 4 耳が慣れてきたら、一番下の欄の「リスニングUPのポイント」へ進みましょう。STEP3で練習した聞き取りのポイントをわかりやすく解説しています。

STEP 5 各Lessonで8~18の<英語の耳づくりエクササイズ>がありますので、順番に身につけていきましょう。

STEP 1~2
実際にはネイティブはどんな風に声にするのか、CDで聞いてみよう。

英語の耳づくりエクササイズ 1

I'll surely be

実際はこう聞こえる ➡ ail・shur・leebe

意味
必ず

Listen carefully!

① 私は確実に怒られます。
I'll surely be scolded.
ail・shur・leebe

② 私は必ずそこにいますので、ご心配なく。
I'll surely be there so don't worry.
ail・shur・leebe

③ 明日の2時にロビーにおります。
I'll surely be in the lobby at two o'clock tomorrow.
ail・shur・leebe

④ 本日中には必ず終わらせます。
I'll surely be finished before the end of the day.
ail・shur・leebe

⑤ メモリーカードを必ず取りに行きます。
I'll surely be picking up the memory card.
ail・shur・leebe

STEP 3
ネイティブが日常で使う表現はこんな感じに聞こえます。

リスニングUPのポイント

I will を略した I'll の「ll」は「ル」という音ではありません。I のあとは次の surely までに微かに感じる小さな[...]が[...]ることを判別します。

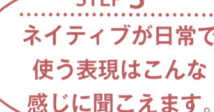
STEP 4~5
音がこんな風に聞こえてくるのはナゼか。解説を読んで頭でも理解しておきましょう。

STEP 6

各Lessonの＜英語の耳づくりエクササイズ＞に取り組んだあとは、【ダイアローグ】のページに進みましょう。会話文がネイティブスピーカーの自然な口調でCDに収録されています。文中にはそのLessonで学んだ表現が入っていますので、聞き取れるようになったか挑戦してみましょう。

▼

STEP 7

さいごに【ダイアローグ】をシャドーイングしてみましょう。聞こえてくる会話やナレーションを追いかけるように、聞こえるまま英語を口にする方法です。耳が鍛えられる上に、実際に英語を発音することで、どこが聞こえてないか、自分の弱点が発見しやすくなります。

ダイアローグ

Son & Mother

Son : I'll surely be late if you don't hurry up!

Mom : You know I'm not good at doing things in a rush.

Son : I'm one of the finalists and I'm on tight schedule, Mom. Come on!

Mom : I'm in the middle of putting my makeup on.

Son : What? Is that a kind of joke?

Mom : No. I should be ready in about an hour.

Son : Unbelievable! It'll only take you about an hour? That is the same as forfeiting!

Mom : It won't be long before I'm ready.

Son : No way. Look, I'll go now. You can come later on.

Mom : The game doesn't start until three o'clock this afternoon! Isn't it a little early?

Son : I've got to go to the stadium.

Mom : It's no use. Go and I'll see you there in a few hours. Bye!

Son : Thanks. Bye, Mom!

少年とママ

少年：急がないと遅れちゃうよ～！

ママ：ママが急ぐの苦手なの知ってるでしょ。

少年：決勝に進んだからスケジュールがタイトなんだよ、ママ。さあ！

ママ：お化粧してる最中でしょうが。

少年：え～？ 冗談でしょ？

ママ：1時間くらいで準備ができそうだわ。

少年：信じられない！ あと1時間だって？ 辞退することになっちゃうよ！

ママ：もうすぐできるわ。

少年：ダメ。見て、もう僕は行くから。ママはあとから来て。

ママ：試合は今日の午後3時まで始まらないって！ ちょっと早くない？

少年：僕はもうスタジアムに行きたいんだよ。

ママ：何言っても無駄だね。じゃあ、行きなさい。私はあと2, 3時間で行くわ。じゃあね！

少年：ありがとう。じゃあね、ママ！

CD 例文はすべて **ゆっくり ➡ ナチュラルスピード** と2度ずつ英語が流れます。
（【ダイアローグ】はナチュラルスピードのみ）

★「聞こえてくる音」の表記について★

　本書では日常の会話で聞こえてくる英語の音をアルファベットで文字表記しています。いずれもローマ字つづりではなく、英語の発音をもとに、聞こえてくる音を文字に置き換える方法をとっています。下記の例を参考にしてください。

・はっきりした「ア」はa、息が抜けた「ア」はh

must have → muhsta

　最初は「マ」のように聞こえますが、mast（船の帆柱）のようなはっきりしたaの音ではなく、もっと息が抜けた控えめなaの音については、その音に近いhで表記しています。

★巻末「映画特集」について★

　167ページからは映画特集が収録されています。各Lessonで身につけたリスニングの効果は映画観賞でもすぐに発揮できます。セリフを聞き取れるようになっているか、気軽に挑戦してみてください。リスニング力がUPすると、映画観賞もより楽しくなります。

☆目次☆

はじめに ……………………… 2   本書の使い方 ……………………… 4

Lesson 1

I'll surely be ……………………… 12
I'm not good at ………………… 13
I'm one of ……………………… 14
I'm on …………………………… 15
in the middle of ……………… 16
Is that a kind of ……………… 17
in about an hour ……………… 18
It'll only take you …………… 19
is the same as ………………… 20
It won't be long before …… 21
Isn't it a ……………………… 22
I've got to go to ……………… 23
ダイアローグ ……………………… 24

Lesson 2

never thought about ………… 28
Is that a ……………………… 29
I've done enough …………… 30
I've heard that ……………… 31
keep an eye on ……………… 32
it's out of order ……………… 33
I've heard of that …………… 34
nearly one in five …………… 35
make it a point to …………… 36
look forward to hearing from you
………………………………… 37
ダイアローグ ……………………… 38

Lesson 3

a couple of days ago ……… 42
a friend of mine …………… 43
ahead of us ………………… 44
After all these years ……… 45
about an hour a day ……… 46
an amazing achivement …… 47
kind of like a ……………… 48
call it a day ………………… 49
Aren't you worried about … 50
All we'll need is …………… 51
ダイアローグ ……………………… 52

Lesson 4

Morning ……………………… 56
Care if I join you …………… 57
Can I have a look ………… 58
but then it turned into …… 59

Can you guess ········· **60**	Do you mind if ········· **65**
could have been much worse ·· **61**	Do you want another ········· **66**
couldn't agree more ········· **62**	don't even know ········· **67**
Do you ever wish you could ·· **63**	ダイアローグ ········· **68**
check them out ········· **64**	

Lesson 5

for a long time ········· **72**	Have you heard about ········· **80**
Get out of here ········· **73**	give it a go ········· **81**
getting on my nerves ········· **74**	going on for a while ········· **82**
I am trying to ········· **75**	have kept in mind ········· **83**
have an advantage ········· **76**	I'm scheduled to meet with ··· **84**
I'd like you to ········· **77**	what are you into now ········· **85**
I hope you don't mind ········· **78**	between you and me ········· **86**
get so absorbed in it that ····· **79**	ダイアローグ ········· **87**

Lesson 6

been wanting to go to ········· **90**	No matter what ········· **95**
heard that it's ········· **91**	taking in ········· **96**
Why did you decide to ········· **92**	when you get back ········· **97**
They are having a ········· **93**	ダイアローグ ········· **98**
That will be ········· **94**	

Lesson 7

has not landed yet ········· **102**	What are you going to ········· **107**
forty-eight ········· **103**	haven't seen her ········· **108**
and an old ········· **104**	I think we ought to ········· **109**
and a bite to eat ········· **105**	almost sure that that's her ·· **110**
That sounds good ········· **106**	ダイアローグ ········· **111**

Lesson 8

- once in a while ··················· **114**
- Okay, is that all then ··········· **115**
- What sort of ··················· **116**
- What I'm looking for ········· **117**
- What else ··················· **118**
- Just name a few ················ **119**
- paid a lot of attention ········ **120**
- picked it up ···················· **121**
- let it bother ···················· **122**
- print them right away ········ **123**
- it's supposed to ················ **124**
- Let me lend you a hand ····· **125**
- stop by to take a look ········ **126**
- ダイアローグ ···················· **127**

Lesson 9

- take a ride on ···················· **130**
- take another look at ··········· **131**
- There must be some ·········· **132**
- throughout the world ········ **133**
- turned out to be ················ **134**
- Were you able to figure out ··· **135**
- what am I doing ················ **136**
- What did you say ··············· **137**
- on our way ······················ **138**
- What do I have to do ········· **139**
- we haven't met ················· **140**
- What an honor to ·············· **141**
- the first half of the week ···· **142**
- I'm sorry to hear that ········· **143**
- What do you think of ········ **144**
- stay in touch ···················· **145**
- what day and time ············ **146**
- meet at the ······················ **147**
- ダイアローグ ···················· **148**

Lesson 10

- what I'm thinking ·············· **152**
- should have done better ··· **153**
- while I was away ··············· **154**
- what I'm going to say ········ **155**
- can't get along well with ··· **156**
- while looking over photos ··· **157**
- you're talking about ··········· **158**
- you got to ························ **159**
- will start at ten ················· **160**
- won't be available until ····· **161**
- would that work for ·········· **162**
- where it is ························ **163**
- what you need are ············ **164**
- ダイアローグ ···················· **165**

映画のセリフを聴き取る ·· **167**

Lesson 1

I'll surely be

I'm not good at

I'm one of

I'm on

in the middle of

Is that a kind of

in about an hour

It'll only take you

is the same as

It won't be long before

Isn't it a

I've got to go to

I'll surely be

実際はこう聞こえる ➡ ail・shur・leebe

意味
必ず

Listen carefully!

☆1 私は確実に怒られます。
I'll surely be scolded.
ail・shur・leebe

☆2 私は必ずそこにいますので、ご心配なく。
I'll surely be there so don't worry.
ail・shur・leebe

☆3 明日の2時にロビーにおります。
I'll surely be in the lobby at two o'clock tomorrow.
ail・shur・leebe

☆4 本日中には必ず終わらせます。
I'll surely be finished before the end of the day.
ail・shur・leebe

☆5 メモリーカードを必ず取りに行きます。
I'll surely be picking up the memory card.
ail・shur・leebe

リスニング UP のポイント

I will を略した I'll の「ll」は「ル」という音ではありません。I のあとは次の surely までに微かに感じる小さな間があるだけで、will が使われていることを判別します。

I'm not good at

意味
苦手だ

実際はこう聞こえる ➡ **[I'm] na・guda(t)**

Listen carefully!

☆1 私はコンピュータが得意ではない。
I'm not good at computers.
[I'm] na・guda(t)

☆2 私はクレープを作るのがうまくない。
I'm not good at making crepes.
[I'm] na・guda(t)

☆3 私はパズルが苦手です。
I'm not good at puzzles.
[I'm] na・guda(t)

☆4 私はスポーツが苦手です
I'm not good at sports.
[I'm] na・guda(t)

☆5 私は人前で話すのが得意ではありません。
I'm not good at public speaking.
[I'm] na・guda(t)

リスニング UP のポイント

not の t が変化します。次の good という語の g が子音なので、t → g と子音が連続します。こういう場合の t の変化はリダクション（落音）。good の d は次の at が母音で始まるため d → a = da というリエゾン（連結）が起こります。

Lesson 1

I'm one of

実際はこう聞こえる ➡ **ai·m·wona**

意味: の一人だ

Listen carefully!

① 私もその中の一人です。
I'm one of those people.
ai·m·wona

② 私もこの街で一番うまいゴルファーの一人です。
I'm one of the best golfers in town!
ai·m·wona

③ 私はコンペに残った5人のうちの一人です。
I'm one of five people left in the competition.
ai·m·wona

④ 私は善人の一人です！
I'm one of the good guys!
ai·m·wona

⑤ 私は肉を決して食べない人々の一人です。
I'm one of those people who never eat meat.
ai·m·wona

リスニング UP のポイント

one of に生じる音の変化に要注意です。リエゾンして wona。of の f の音は聞こえないことが多いです。もし聞こえても「ブ」という日本語の音ではなく、「v（ヴ）」です。

I'm on

意味 の最中だ

実際はこう聞こえる ➡ **ai·mon**

Listen carefully!

① いま私、無制限に買い物中！
I'm on a shopping spree!
ai·mon

② 私はインシュリンを打っています。糖尿病です。
I'm on insulin. I have diabetes.
ai·mon

③ スケジュール通りなので、心配する必要はありません。
I'm on schedule so you don't have to be concerned.
ai·mon

④ スカイプを使っているので、費用を心配しなくてもいいです。
I'm on Skype so don't worry about the costs.
ai·mon

⑤ いま公衆wifiを使っています。
I'm on a public wifi.
ai·mon

リスニングUPのポイント

I'mのmと続くonがリエゾンするパターンで、これは比較的簡単に見えますが、onの次の語が母音の場合、さらにリエゾンが連続しますので、上の例文でチェックしておきましょう。

Lesson 1

in the middle of

意味: の最中だ

実際はこう聞こえる ➡ **in·tha·mi·duluv**

Listen carefully!

①　彼はインド旅行の真っ最中です。
　　He's in the middle of his journey through India.
　　　　in·tha·mi·duluv

②　彼女は論文執筆の最中です。
　　She is in the middle of her dissertation.
　　　　　in·tha·mi·duluv

③　彼らは冬休みの真っ只中です。
　　They are in the middle of winter break.
　　　　　　in·tha·mi·duluv

④　我が社はリストラの最中です。
　　Our company is in the middle of restructuring.
　　　　　　　　in·tha·mi·duluv

⑤　公園は都市のど真ん中にあります。
　　The park is in the middle of the city.
　　　　　　in·tha·mi·duluv

リスニング UP のポイント

in the の the の音は「ザ」ではなく、th の音で、日本人の方の場合、「ダ」に近い音と意識すると、これまでより聞きやすく言いやすくもなるでしょう。middle は「ミドル」ではなく「ミドll」。次の of の母音 o と連結することも多いので耳を慣らしましょう。

Is that a kind of

意味　それは一種の

実際はこう聞こえる ➡ **Izha・da・kinda**

Listen carefully!

CD 4（ゆっくり）▶（ナチュラル）

1. それは食用植物の一種ですか？
   Is that a kind of an edible plant?
   Izha・da・kinda

2. それはエスニックの曲ですか？
   Is that a kind of ethnic music?
   Izha・da・kinda

3. それは一種のオペレーティングシステムですか？
   Is that a kind of operating system?
   Izha・da・kinda

4. それは一種のクリーンエネルギーですか？
   Is that a kind of clean energy?
   Izha・da・kinda

5. ワインの一種ですか？
   Is that a kind of wine?
   Izha・da・kinda

リスニング UP のポイント

That is は質問される場合は Is that → Izha と短くシャープに聞こえます。さらに that の語尾 t は次の母音 a とくっつき、da に近い音に聞こえます。kind of もリエゾン。of は「オブ」ではなく、日本語にすると「アヴ」に近い音なので、kinda になります。

Lesson 1

in about an hour

【意味】約1時間

実際はこう聞こえる ➡ **inabauda nawer**

Listen carefully!

①　私は彼らがおよそ1時間で終わることを望みます。
I hope they will finish in about an hour.
　　　　　　　　　　　　inabauda nawer

②　私は約1時間でそちらに着くでしょう。
I will be there in about an hour.
　　　　　　　　inabauda nawer

③　タイマーはおよそ1時間で鳴ります。
The timer will go off in about an hour.
　　　　　　　　　　　inabauda nawer

④　電車はあと1時間ほどで出発します。
My train will depart in about an hour.
　　　　　　　　　　　inabauda nawer

⑤　私たちは1時間ほどで食事をします。
We'll eat in about an hour.
　　　　　inabauda nawer

リスニングUPのポイント

フィギュアスケートの「イナバウワー」みたいに聞こえます（笑）。正確にはイナバウ"ダ"ナワーですが、in → about の inabau、about → an の bauda というリエゾン変化に慣れてしまってください。

英語の耳づくりエクササイズ 8

It'll only take you

意味: ほんの〜だけかかる

実際はこう聞こえる ➡ **ial・only・taykyuu**

Listen carefully!

CD 5 (ゆっくり)▶(ナチュラル)

☆1 ほんの少しでそこに着くでしょう。
   It'll only take you a short time to get there.
   ial・only・taykyuu

☆2 頂上まで登るのに2日ほどしかかかりません。
   It'll only take you two days to climb to the top.
   ial・only・taykyuu

☆3 あなたをゲートへ連れて行くだけです。
   It'll only take you to the gates.
   ial・only・taykyuu

☆4 数秒かかるだけです。
   It'll only take you a couple of seconds.
   ial・only・taykyuu

☆5 ほんの6ヶ月でそれは完成します。
   It'll only take you about six months to complete it all.
   ial・only・taykyuu

リスニングUPのポイント

It'll の音がけっこう聞き取りにくい。tの音が次の子音lとくっつこうにも子音どうしなので、くっつきにくい。だからtの音が日本語の「オ」に近いaの音になるのです。oでもないoとaの間くらいの英語特有の音ですので、CDを聞いて耳になじませてください。take you もくっつき taykyuu です。

Lesson 1

is the same as

実際はこう聞こえる ➡ **izda·saimaz**

意味
同じだ

Listen carefully!

☆1 去年と同じだなんて信じられない！
I can't believe it is the same as last year!
　　　　　　　　izda·saimaz

☆2 デザインが彼のものと同じです。
The design is the same as his.
　　　　　izda·saimaz

☆3 このコーヒーはサリーズのコーヒーと同じだね。
This coffee is the same as the coffee at Sully's.
　　　　　izda·saimaz

☆4 私のドレス、あなたのドレスと同じだ！
My dress is the same as yours!
　　　　izda·saimaz

☆5 貸借対照表が前回と同じです。
The balance sheet is the same as before.
　　　　　　izda·saimaz

リスニング UP のポイント

is tha → izda、same as → saimaz という2つのリエゾンが続くパターンです。same（同じ）ときたら as（〜と同様に）、という組み合わせは多いので、自分が話すときも使ってみてください。自分でも言えるようになると、もう聞き取れないということもなくなります。

英語の耳づくりエクササイズ 10

It won't be long before

意味
まもなく

実際はこう聞こえる ➡ i(t)・wonbelon・befor

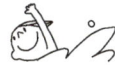

Listen carefully!

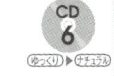

CD 6 ゆっくり ▶ ナチュラル

1 まもなく私たちはドイツに入ります。

It won't be long before we're in Germany.
i(t)・wonbelon・befor

2 まもなく彼女はまたフリーになります。

It won't be long before she will be free again.
i(t)・wonbelon・befor

3 まもなくオーブンからそれを取り出すことができます。

It won't be long before we can take it out of the oven.
i(t)・wonbelon・befor

4 彼が家に帰れるまでもうすぐです。

It won't be long before he can come home.
i(t)・wonbelon・befor

5 まもなくゲームがスタートします。

It won't be long before the game starts.
i(t)・wonbelon・befor

リスニング UP のポイント

注目すべきは won't be long のスピードです。ネイティブスピーカーはまるで一語のように一気に言います。ここで練習しておけばもう大丈夫。

Isn't it a

実際はこう聞こえる ➡ **iznida**

意味: じゃない?

Listen carefully!

☆1 男の子じゃないの?
Isn't it a boy?
iznida

☆2 ほんの少しの違いでしょ?
Isn't it a small difference?
iznida

☆3 木製の壁じゃない?
Isn't it a wooden wall?
iznida

☆4 大きなスクリーンじゃない?
Isn't it a big screen?
iznida

☆5 淡いピンクじゃない?
Isn't it a light pink?
iznida

リスニング UP のポイント

isn't の t が落音されるところに注意です。t ではなくその前の n が続く it とリエゾンする場合がよくあるのです。it の t も続く母音 a とくっつく場合、英語特有の da や la に近い音に変化します。

英語の耳づくりエクササイズ 12

I've got to go to

実際はこう聞こえる ➡ **aiv·gotagouta**

意味
行かなくちゃ

Listen carefully!

CD 7
（ゆっくり ▶ ナチュラル）

☆1 私は最上階に行かなければなりません。
I've got to go to the top floor.
aiv·gotagouta

☆2 私は仕事でフランスに行かなければなりません。
I've got to go to France on business.
aiv·gotagouta

☆3 僕はトイレに行かなくちゃいけない。
I've got to go to the bathroom.
aiv·gotagouta

☆4 私はチーズ売り場に行かなければならない。
I've got to go to the cheese section.
aiv·gotagouta

☆5 私は請求書を払いに銀行にいかなければなりません。
I've got to go to the bank to pay my bills.
aiv·gotagouta

リスニング UP のポイント

覚えやすくあえてカタカナにすると「I've ガタゴタ」。「行かなくちゃ」という意味のとおり、忙しそうな音ですね（笑）。go to は gonna のように省略して言われる場合もあります。省略されない場合は gouta と聞こえます。

Lesson 1

Son & Mother

Son : I'll surely be late if you don't hurry up!

Mom : You know I'm not good at doing things in a rush.

Son : I'm one of the finalists and I'm on tight schedule, Mom. Come on!

Mom : I'm in the middle of putting my makeup on.

Son : What? Is that a kind of joke?

Mom : No. I should be ready in about an hour.

Son : Unbelievable! It'll only take you about an hour? That is the same as forfeiting!

Mom : It won't be long before I'm ready.

Son : No way. Look, I'll go now. You can come later on.

Mom : The game doesn't start until three o'clock this afternoon! Isn't it a little early?

Son : I've got to go to the stadium.

Mom : It's no use. Go and I'll see you there in a few hours. Bye!

Son : Thanks. Bye, Mom!

少年とママ

少年：急がないと遅れちゃうよ〜！

ママ：ママが急ぐの苦手なの知ってるでしょ。

少年：決勝に進んだからスケジュールがタイトなんだよ、ママ。さあ！

ママ：お化粧してる最中でしょうが。

少年：え〜？ 冗談でしょ？

ママ：1時間くらいで準備ができそうだわ。

少年：信じられない！ あと1時間だって？ 辞退することになっちゃうよ！

ママ：もうすぐできるわ。

少年：ダメ。見て、もう僕は行くから。ママはあとから来て。

ママ：試合は今日の午後3時まで始まらないって！ ちょっと早くない？

少年：僕はもうスタジアムに行きたいんだよ。

ママ：何言っても無駄だね。じゃあ、行きなさい。私はあと2、3時間で行くわ。じゃあね！

少年：ありがとう。じゃあね、ママ！

Coffee Break ①

NAMES

　私はリサという、自分の名前が好きです。

　ある日、母にどうしてこの名前をつけたのか、尋ねたことがあります。ちょうど私を妊娠していたときにテレビを見ていると、とても感じのいいニュースキャスターがいたそうです。彼女の名前がリサだったからと言いました。いつか私も大きくなって、そのニュースキャスターのように自立して働く女性になることを、母は望んでつけてくれたそうです。

　私が生まれた年、リサという名前は女の子の中で一番の人気でした。I was really "with the times"!（時代の先端をいっていた！）のです。

　でも現在、米国社会保障局によってまとめられた最も信頼できるデータによると、私の名前はトップ100にさえ入っていません。それどころか、300位、500位、なんと700位にも入っていないではないですか！リサという名前は現在、709位なのです。

　ちなみにアメリカのトップ3の名前は次の通りです。

　　　女の子：ソフィア、エマ、イザベラ

　　　男の子：ジェイコブ、メーソン、イーサン

　皆さんの名前は現在、何位にランクインしているでしょうか？

never thought about

is that a

I've done enough

I've heard that

Keep an eye on

it's out of order

I've heard of that

nearly one in five

make it a point to

look forward to hearing from you

英語の耳づくりエクササイズ 13

never thought about

意味
一度も考えたことがない

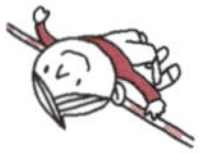

実際はこう聞こえる ➡ [never] thawta・bou

Listen carefully!

CD 9
ゆっくり ▶ ナチュラル

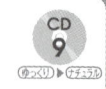

1. 私が払った税金がどこに行くのか、これまで考えたことがない。
   I've never thought about where my taxes go.
   [never] thawta・bou

2. 私はバレーボールをやめたいと思ったことがありません。
   I have never thought about quitting volleyball.
   [never] thawta・bou

3. どのくらいかかるかなんて考えたことがない。
   I've never thought about how long it takes.
   [never] thawta・bou

4. 中に何があるかなんて考えことがない。
   I've never thought about what is inside.
   [never] thawta・bou

5. ハンガリーに行くなんて考えもしない。
   I've never thought about going to Hungary.
   [never] thawta・bou

リスニングUPのポイント

thought about の音が非常に聞き取りづらいと思います。「去らば」のように聞こえたらこれです（笑）。冗談はさておき、正確には thawta・bou と聞こえ、上下の歯の間に舌をつけた掠（かす）れた音 th を耳で感じ取れるかが大切です。

is that a

実際はこう聞こえる ➡ **itha·da**

意味
あれは〜ですか？

Listen carefully!

1. それはナゾナゾですか？ 分かりません。
   Is that a riddle? I don't get it.
   itha·da

2. それは褒め言葉ですか？
   Is that a compliment?
   itha·da

3. あれは僕の写真？
   Is that a picture of me?
   itha·da

4. あれは猫ですか犬ですか。
   Is that a cat or a dog?
   itha·da

5. それは誰からの依頼ですか？
   Who is that a request from?
   itha·da

リスニング UP のポイント

質問形の並びです。Is と that で「itha」、that の語尾 t と a で「da」のパターンです。

英語の耳づくりエクササイズ 15

I've done enough

意味
十分に～した

実際はこう聞こえる ➡ aiv·dunenuf

Listen carefully!

CD 10
ゆっくり ▶ ナチュラル

1. 今日一日、十分に働きました。
I've done enough for one day.
aiv·dunenuf

2. もう十分です。
I've done enough damage.
aiv·dunenuf

3. 私は十分に調べました。
I've done enough research.
aiv·dunenuf

4. 私は十分に踊りました。
I've done enough dancing.
aiv·dunenuf

5. もう十分。切り上げます。
I've done enough. I'm finished.
aiv·dunenuf

リスニングUPのポイント

「～を十分にやり遂げた」という場合、doneを強調します。「やったんだ」という自己主張です。doneはdoの過去分詞と分かっていますから、haveを表すI'veの'veはきわめて音が小さくなります。doneだけで十分に意味が伝わるからです。

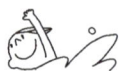

I've heard that

意味
聞きました

実際はこう聞こえる ➡ **aiv・herda・tha**

Listen carefully!

① マイクが会社をやめるって聞いたんだけど。
I've heard that Mike's going to quit the company.
aiv・herda・tha

② コンセントがどれも働かないって聞いたんだけど。
I've heard that none of the electrical outlets work.
aiv・herda・tha

③ 我々に不足があると聞きましたが。
I've heard that we will have a shortage.
aiv・herda・tha

④ ここのダージリンティーが美味しいとうかがいました。
I've heard that the Darjeeling tea here is delicious.
aiv・herda・tha

⑤ 新しいコンタクトレンズがとても快適だと聞きました。
I've heard that the new contact lens is very comfortable.
aiv・herda・tha

リスニング UP のポイント

heard の発音を CD でしっかり押さえておきましょう。会話ではよく使われます。heard（聞いた）とくれば、何を？となるのが言葉です。「何を」を言うための導入口に使われる that は、その前後関係から弱い音になります。that のあとに言う言葉のほうが話し手にとって重要だからです。

Lesson 2　31

keep an eye on

実際はこう聞こえる ➡ **keepa・nai [on]**

意味
見張る

Listen carefully!

1. 私のバッグを見張っていてね。
   Keep an eye on my bags.
   keepa・nai [on]

2. 時間を気を配るのを忘れないで。
   Remember to **keep an eye on** the time.
   keepa・nai [on]

3. 私たちのために時間を計ってもらえますか？
   Will you **keep an eye on** the time for us?
   keepa・nai [on]

4. 時間に注意しないと私たちフライトに乗り損ねるよ。
   You have to **keep an eye on** the time or else we'll miss the flight.   keepa・nai [on]

5. 少しの間、私のスーツケースを見ていてくれませんか。
   Could you **keep an eye on** my suitcase for a moment?
   keepa・nai [on]

リスニング UP のポイント

目を「on ~」に keep しておく、という日常会話頻出のイディオムです。keep と an はリエゾンしやすい組み合わせ。さらに eye（目）というのは 2 つあるはずですが、ここでは「視点」という意味合いで使われているので単数 an eye。an の n と eye の頭の e がリエゾンして a・nai と聞こえます。

英語の耳づくり エクササイズ 18

it's out of order

意味
故障している

実際はこう聞こえる ➡ **tsu・ouda・oder**

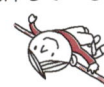

Listen carefully!

CD 11 ゆっくり ▶ ナチュラル

1 自動販売機が僕の金を取ったよ！ 故障してる。
The vending machine took my money! It's out of order.
tsu・ouda・oder

2 ああ、壊れているとき、それはまったく音をださないんです。
Oh, and when it's out of order, it makes no noise whatsoever.
tsu・ouda・oder

3 また故障したみたいだ。
It looks like it's out of order again.
tsu・ouda・oder

4 うちの電話は故障中だから修理してもらわないと。
Our telephone is out of order so I shall have it repaired.
ouda・oder

5 電話はいま故障しています。
The telephone is now out of order.
ouda・oder

リスニング UP のポイント

意味はよく知っている人も多いかもしれませんが、とても聞き取りづらいフレーズです。It's の頭は省略していきなり tsu がくるケースも多いので注意。さらに out of → ouda のリエゾン、order は「オーダー」ではなく、「ア」に近い o の音で、喉の奥から声をだしたような音になります。

I've heard of that

意味: 聞いたことがある

実際はこう聞こえる ➡ **aiv・her duv tha(t)**

Listen carefully!

☆1 時々そういうことが起こるのを聞いたことがある。
I've heard of that happening once in a while.
aiv・her duv tha(t)

☆2 私は前にそのことを耳にしましたが、どこかは覚えていません。
I've heard of that before but I can't remember where.
aiv・her duv tha(t)

☆3 その名前なら聞いたことがある。彼女、ワシントンの出身ですか？
I've heard of that name. Is she from Washington?
aiv・her duv tha(t)

☆4 そのチームのことは聞いたことがある。強いの？
I've heard of that team. Are they strong?
aiv・her duv tha(t)

☆5 それは耳にタコができるほど聞きました。
I have heard enough **of that**.
aiv・herd   uv tha(t)

リスニング UP のポイント

31ページの I've heard that と似ていますが、of が入るフレーズです。違いは heard of that ＝〜について聞いたことがある、heard that ＝聞いた、です。heard of that を一気に言ってしまう感じで her duv tha(t) と聞こえます。

英語の耳づくり
エクササイズ
20

nearly one in five

意味
5人に1人は

実際はこう聞こえる ➡ [nearly] wonin · fai

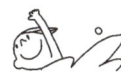

Listen carefully!

CD 12 ゆっくり▶ナチュラル

1 ほぼ5人に1人はこれに乗るとクラクラになります。
Nearly one in five people get dizzy on this ride.
[nearly] wonin · fai

2 ほぼ5人に1人はソーシャルメディアを使っています。
Nearly one in five people use social media.
[nearly] wonin · fai

3 ほぼ5人に1人の学生はこのコースに落ちています。
Nearly one in five students failed his course.
[nearly] wonin · fai

4 この国では、ほぼ5人に1人が影響を受けています。
It affects nearly one in five people in this country.
[nearly] wonin · fai

5 ほぼ5人に1人が仕事に満足していないそうです。
They say that nearly one in five people are unhappy in their jobs.
[nearly] wonin · fai

リスニングUPのポイント

one と in のリエゾンが聞き取れるかがポイントです。nearly との組み合わせで言葉にされることが多いので覚えておきましょう。five は fai くらいにしか聞こえません。

make it a point to

実際はこう聞こえる ➡ **mayki·da·pointa**

意味: 必ず〜することにしている

Listen carefully!

1. 私は朝食前にきまってジョギングをします。
   I make it a point to jog before breakfast.
   mayki·da·pointa

2. 私はいつも荷物をあまり持たない旅をします。
   I always make it a point to travel lightly.
   mayki·da·pointa

3. 私は何事も諦めないようにしています。
   I make it a point to never give up on anything.
   mayki·da·pointa

4. 定期的にヨガをするって決めていますか？
   Do you regularly make it a point to do yoga?
   mayki·da·pointa

5. 会社はすべての従業員のニーズを満たすことにしています。
   The company makes it a point to provide for all it's employees.
   mayki·da·pointa

リスニング UP のポイント

複数のリエゾンが続くパターンなので、このカタマリで覚えてしまったほうが早いです。make it は mayki、it a は ida。3語あわせて mayki·da です。point to も t が連続しますので pointa とリエゾンされます。

英語の耳づくりエクササイズ 22

look forward to hearing from you

意味
連絡を楽しみにしている

実際はこう聞こえる → **lu(k)・forwarda・heerin'・fromya**

Listen carefully!

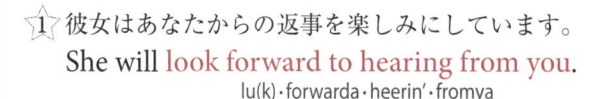

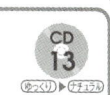

1. 彼女はあなたからの返事を楽しみにしています。
   She will look forward to hearing from you.
   lu(k)・forwarda・heerin'・fromya

2. 君が日本に戻ってきたらすぐに話を聞かせて。
   I look forward to hearing from you as soon as you return to Japan. lu(k)・forwarda・heerin'・fromya

3. 私はいつも君からの連絡を楽しみにしている。知ってるよね？
   I always look forward to hearing from you. You do know that, right? lu(k)・forwarda・heerin'・fromya

4. 彼らはまたあなたから連絡があるのを楽しみにしています。
   They look forward to hearing from you again.
   lu(k)・forwarda・heerin'・fromya

5. あなたが都合のよいときに連絡してくれるのを楽しみにしています。
   We look forward to hearing from you at your convenience.
   lu(k)・forwarda・heerin'・fromya

リスニングUPのポイント

文字にすると長いフレーズですが、意味は簡単ですね。よく使う別れ際の言葉です。ここで学べるのは、語尾の子音がいかに落音するかということ。lookのk、forwardのd、hearingのgがことごとく聞こえません。これが英語の音の特徴なのです。

Lesson 2

> ダイアローグ

Soda machine

Boy : What can you catch but not throw?

Girl : I've never thought about… Hey, is that a riddle?

Boy: Yes. Do you know the answer?

Girl : Uhm… I've done enough thinking. I give up.

Boy : The answer is "a cold."

Girl : That's a good riddle!

Boy : By the way, I've heard that there's a new soda machine in the cafeteria.

Girl : Let's go check it out! But we have to keep an eye on the time.

[Goes to the machine, inserts coin.]

Boy : Oh, it's out of order.

Girl : Kicking the machine might help.

Boy : I've heard of that working in nearly one in five machines.

[He kicks it and the drink comes out.]

Girl : Good job! Always make it a point to try different things before giving up.

Boy : That's kind of like a personal motto of yours, isn't it?

Girl : It is. Well, I have to go now. Call me later, will you? I look forward to hearing from you later.

Boy : OK, talk to you soon!

ソーダマシーン

男の子：捕まえることができるのに、投げることができないものは、な〜んだ？

女の子：考えたこともないなあ…ねえ、それはナゾナゾ？

男の子：うん。答えがわかる？

女の子：う〜ん…いっぱい考えたけど、降参よ。

男の子：答えは「風邪」だよ。

女の子：なかなかいいナゾナゾね！

男の子：ところで、僕、新しいソーダマシーンがカフェテリアにあると聞いたよ。

女の子：見に行こうよ！ だけど時間には気をつけないとね。

［マシーンにコインを入れる］

男の子：ああ、壊れているよ。

女の子：蹴ったら直るかもよ。

男の子：ほとんど5台に1台はそれで直るって聞いたことがある。

［男の子がマシーンを蹴り、飲み物が出てくる］

女の子：やった！ いつだってあきらめる前に違った方法を試してみるってのはいいことだね。

男の子：それって君の座右の銘なの？

女の子：そうよ。さて、私はもう行かないと。あとで電話してくれる？ 待ってるわ。

男の子：オーケー、あとでね！

Coffee Break ②

GUINNESS

皆さんはGUINNESS（ギネス）という言葉から何を思い浮かべますか？

ビールをよく飲む人だったら、おそらく有名なアイルランドの黒いラガー（ギネス）を思い浮かべるでしょう。それ以外の人は、たぶん、ギネスブックではないでしょうか。

実はそのどっちも同じ家族にまつわることから、世界中に広がりました。

1951年、ギネスビール醸造所の工場長ヒュー・ビーバーさんは狩りの記録をまとめ始めました。

彼が狩っていたのは鳥。その鳥がとてつもなく速く逃げるので、狩りはなかなか成功しません。だからその鳥が世界で最も速く移動する鳥なんじゃないかと思い、狩りの記録を取り、他の鳥の情報と見比べようとしたのです。4年後、彼は記録の編集を終え、ついにそれを本として出版しました。それがまさかのベストセラー。それからギネスブックという取り組みが始まったのです。

ちなみにギネスブックによると、英語で最も難しい早口言葉は

The sixth sick sheik's sixth sheep's sick.

だそうです。意味は、第6代病気の族長の6匹目の羊は病気…。さて皆さん、3回続けて早口でこれを言うことができるでしょうか？

Lesson 3

a couple of days ago

a friend of mine

ahead of us

After all these years

about an hour a day

an amazing achivement

kind of like a

call it a day

Aren't you worried about

All we'll need is

英語の耳づくりエクササイズ 23

a couple of days ago

意味
数日前

実際はこう聞こえる ➡ a・cupla [days ago]

Listen carefully!

①　数日前に元カレが結婚したの。
A couple of days ago, my ex-boyfriend got married.
　　a・cupla [days ago]

②　数日前についに新しいヴァイオリンを買いました！
A couple of days ago, I finally bought a brand new violin!
　　a・cupla [days ago]

③　ついさっき、すごくよさそうなメキシコ料理店を見つけたんだ。
A couple of days ago, I discovered a wonderful Mexican
　　a・cupla [days ago]
restaurant.

④　2、3日前に夏の旅行を計画しました。
A couple of days ago, we made summer travel plans.
　　a・cupla [days ago]

⑤　私は2、3日仕事を休みます。
I am taking a couple of days off.
　　　　　　　a・cupla

リスニング UP のポイント

of の音を鍛えましょう。正確な発音は [av] です。くれぐれも「オブ」ではありませんので注意です。その前の couple とくっつきますので、cupla で聞き慣れておかなければいけません。例文5のみ days off（休み）という表現も紹介しています。

英語の耳づくりエクササイズ 24

a friend of mine

意味: 友人

実際はこう聞こえる ➡ **afrenda [mine]**

Listen carefully!

① 僕の友人が去年アルゼンチンに行ったよ。
A friend of mine visited Argentina last year.
afrenda [mine]

② あの椅子を買った僕の友達のことって話したっけ？
Did I tell you about **a friend of mine** who bought that chair?
afrenda [mine]

③ 僕の友達がやったことを君は信じないだろうな。
You won't believe what **a friend of mine** did.
afrenda [mine]

④ そうです、彼は私の友人です。
Yes, he's **a friend of mine**.
afrenda [mine]

⑤ 私の友人が昨日入院したんです。
Yesterday **a friend of mine** was hospitalized.
afrenda [mine]

リスニング UP のポイント

スピードが速いです。そのため初めて聞くとまさかこれに4語も含まれているとは思いません。friend of が frenda とくっつく聞こえ方をマスターしておきましょう。さらに冠詞の a と friend の間がきわめて小さく、afren- とつながって聞こえます。

Lesson 3　43

英語の耳づくりエクササイズ 25

ahead of us

意味
我々の前

実際はこう聞こえる ➡ **a・heda・vus**

Listen carefully!

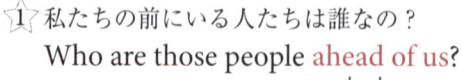

①私たちの前にいる人たちは誰なの？
　Who are those people ahead of us?
　　　　　　　　　　　　a・heda・vus

②彼らは私たちより前だったよね？
　They were ahead of us, weren't they?
　　　　　　　a・heda・vus

③私たちの前の列の人たちがすごい興奮してたよ。
　The people in line ahead of us were excited.
　　　　　　　　　　　a・heda・vus

④お先にどうぞ。
　Please go on ahead of us.
　　　　　　　　a・heda・vus

⑤また彼が前なの？
　He's ahead of me again?
　　　　a・heda

リスニング UP のポイント

of が ahead の語尾、us の語頭をつなげます。変化する音の中に us という語を聞き取ることができるか、会話ではそこがポイントになるでしょう。例文5のみ us ではなく me なので、聞き比べてみてください。

英語の耳づくりエクササイズ 26

After all these years

意味: 数年ぶりに

実際はこう聞こえる ➡ **afta・all・theez・eerz**

Listen carefully!

① 数年を経て、私たちは公式に結婚することに決めました。
After all these years, we decided to officially get married.
afta・all・theez・eerz

② 数年日本に住んでいるが、まだお寿司は苦手だ。
After all these years of living in Japan, I still don't eat sushi.
afta・all・theez・eerz

③ 何年もローンを払い続けているけど、道のりはまだまだ遠い。
After all these years of house payments, we are still
afta・all・theez・eerz
far from paying off our mortgage.

④ 何年も泳いでいるけど、やっと正しい泳ぎ方を学びました。
After all these years, I finally learned how to swim properly.
afta・all・theez・eerz

⑤ 数年経つけど、我々はまだ彼女についてあまり知らない。
After all these years, we still don't know much about her.
afta・all・theez・eerz

リスニング UP のポイント

意味的に After で一端息を切ってもよさそうですが、ネイティブスピーカーはこの4語を1語のように言います。afta・all と聞こえる言葉が after all だとまず認識できるかが大切です。

Lesson 3

英語の耳づくりエクササイズ 27

about an hour a day

意味: 一日に約1時間

実際はこう聞こえる ➡ ′bauda・nawer・adei

Listen carefully!

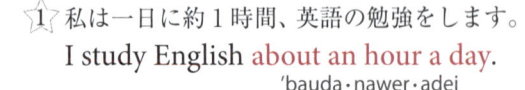

CD 17 (ゆっくり ▶ ナチュラル)

☆1 私は一日に約1時間、英語の勉強をします。
I study English about an hour a day.
　　　　　　　　′bauda・nawer・adei

☆2 私は一日に約1時間、公園を走ります。
I jog in the park about an hour a day.
　　　　　　　　　′bauda・nawer・adei

☆3 私は一日に約1時間、彼と話します。
I talk to him about an hour a day.
　　　　　　　　′bauda・nawer・adei

☆4 一日にだいたい1時間ほどで、あまりテレビは見ないの。
I don't watch much television, only about an hour a day.
　　　　　　　　　　　　　　　　　　　′bauda・nawer・adei

☆5 私は一日に約1時間、Eメールの返信に時間を費やします。
I spend about an hour a day returning emails.
　　　　　′bauda・nawer・adei

リスニング UP のポイント

冠詞のaやanは常に他の語とくっつきますので、それが複数もあると聞き取りづらさもアップします。何度もCDを聞いてかたまりで耳になじませておくとよいでしょう。aboutのaはあまり強い音にならずbou、語尾tは続くanとくっつきbauda。さらにanとhourがa・nawerとくっつきます。

英語の耳づくりエクササイズ 28

an amazing achievement

意味: すごい成果

実際はこう聞こえる ➡ **ana・mayzin [achievement]**

Listen carefully!

CD 17 (ゆっくり▶ナチュラル)

☆1 その距離を7分ちょうどで走るなんて、すごいね。
Running that distance in 7 minutes flat is
an amazing achievement.
ana・mayzin [achievement]

☆2 高校ではずっとA評価をとっていたなんて、すごい成績だね。
Getting straight A's throughout high school is
an amazing achievement.
ana・mayzin [achievement]

☆3 1年で8つの小説を書くなんて、すごいね。
Writing eight novels in a year is an amazing achievement.
ana・mayzin [achievement]

☆4 そんな短い時間であんなに仕事を片づけるなんて、すごいね。
Finishing all that work in such a short time was
an amazing achievement.
ana・mayzin [achievement]

☆5 一回のゴルフの試合で2回もホールインワンだって? すごいね!
Two hole-in-ones during one golf match?
What an amazing achievement!
ana・mayzin [achievement]

リスニング UP のポイント

冠詞 an をともなう音の変化です。an amazing は ana・mayzin と聞こえます。また、amazing achievement の語尾の破裂音 g と t は決して「グ」「ト」ではなく、限りなく弱く発音されるか、ほとんど聞こえないのが普通です。

Lesson 3

英語の耳づくりエクササイズ 29

kind of like a

意味: 〜みたいだ

実際はこう聞こえる ➡ **kinda・laika**

Listen carefully!

① キュウリみたいに見えるけど、もっと大きい。
It looks kind of like a cucumber but it's much larger.
　　　　　kinda・laika

② 彼の歌はジャズとパンクの間をとった感じだね。
His music is kind of like a cross between jazz and punk.
　　　　　　kinda・laika

③ ティラミスみたいな味だ。
It tastes kind of like a tiramisu.
　　　　　kinda・laika

④ まるで巨大なバナナみたいなソファだった。
The sofa looked kind of like a giant banana.
　　　　　　kinda・laika

⑤ それらの時計ってクリスチャン・ディオールみたいだね。
Those watches look kind of like a Christian Dior.
　　　　　　kinda・laika

リスニング UP のポイント

実際には 1 語のように聞こえますが、2 つの要素で分析しましょう。kind of は kinda、like a は laika です。

英語の耳づくりエクササイズ 30

call it a day

意味: 今日の仕事を終える

実際はこう聞こえる ➡ **cah・lida [day]**

Listen carefully!

CD 18　ゆっくり ▶ ナチュラル

1. 今日はこれでおしまい。疲れちゃった！
   Let's call it a day. I'm exhausted!
   cah・lida [day]

2. そろそろ切り上げようじゃないか？
   How about we call it a day?
   cah・lida [day]

3. 雨が降ってきました。切り上げなきゃ。
   It's starting to rain. We have to call it a day.
   cah・lida [day]

4. 彼らは4時に仕事を終えました。
   They called it a day at four o'clock.
   cah・lidida [day]

5. 私たち全員が仕事を切り上げるのってどう思う？
   What do you think about all of us calling it a day?
   cah・linida [day]

リスニング UP のポイント

「〜と呼ぶ」「〜に電話する」という意味の call を日本語でコールとも言いますが、正確には「コ」ではなく cah という音になるので慣れましょう。it と a がリエゾンすると t が d の音になり ida と聞こえます。例文4には called と過去形、例文5には calling と ing 形も用意しましたので、音の変化をチェックしておきましょう。

Lesson 3

英語の耳づくり エクササイズ 31

Aren't you worried about

意味：〜が気にならない？

実際はこう聞こえる ➡ arncha・woree・dabau(t)

Listen carefully!

☆1 みんながどう思うか気にならないかい？
Aren't you worried about what people will think?
arncha・woree・dabau(t)

☆2 親にばれるのを心配しないのかい？
Aren't you worried about your parents finding out?
arncha・woree・dabau(t)

☆3 どこにそんな大きなテーブルが置けるのか、心配にならないの？
Aren't you worried about where to put such a big table?
arncha・woree・dabau(t)

☆4 飛行機にまた乗り損ねるってことを心配しないわけ？
Aren't you worried about missing your flight again?
arncha・woree・dabau(t)

☆5 試験に落ちることを心配しないの？
Aren't you worried about failing the exam?
arncha・woree・dabau(t)

リスニング UP のポイント

you を早口で言うと「ya」に聞こえるところが最初の関門。Aren't you は arncha です。worry about が「心配する」と分かっていても、例文のように受動形 worried になり about とリエゾンすると途端に音をキャッチできなくなります。woree・dabau で慣れておきましょう。

英語の耳づくりエクササイズ 32

All we'll need is

意味
私たちに必要なものは

実際はこう聞こえる ➡ ah・weeo・neediz

Listen carefully!

①我々が必要としているのは、あと少し経営管理側のサポートをもらうことです。
All we'll need is a little more support from management.
ah・weeo・neediz

②必要なのはあと3万円くらいだね。
All we'll need is about 30 thousand yen.
ah・weeo・neediz

③私たちに必要なのは二日です。
All we'll need is two days.
ah・weeo・neediz

④我々に必要なのは、十分に時間があるかどうか確かめることだ。
All we'll need is to make sure that there's enough time.
ah・weeo・neediz

⑤私たちに必要なのはあと一人の手助けしてくれる人かもしれない。
All we'll need is maybe one more person to help out.
ah・weeo・neediz

リスニング UP のポイント

文字で見ると分かるのに、音になると難しいフレーズです。まず all をオールと思わないこと。正確には ah です。we'll の 'll はルではなく、o です。need と is はくっついて neediz と聞こえます。

Lesson 3

> ダイアローグ

Small talk before a grand opening

Husband : A couple of days ago, a friend of mine started working as a volunteer.

Wife : Oh, who?

Husband : Do you remember Rick?

Wife : I do. He and his wife got married two weeks ahead of us.

Husband : That's right. After all these years, he's finally doing something useful with his life.

Wife : What kind of volunteer work?

Husband : He reads to children at the local library about an hour a day.

Wife : That's wonderful! That's an amazing achievement for a man who usually stays at home in front of the television all day.

Husband : He said that it's kind of like a new phase he's going through.

Wife : Well, good for him. Anyway, Honey, I'm ready to call it a day.

Husband : You're not going to finish decorating the dining area? Aren't you worried about having everything ready before the grand opening?

Wife : Have no fear. All we'll need is some more picture frames on that wall and we'll be all set.

Husband : Really? That's great!

オープン前のちょっとした会話

夫：2、3日前から僕の友人がボランティアとして働き始めたんだ。

妻：へえ、誰のこと？

夫：リックを覚えてる？

妻：ええ。彼と彼の奥さんは私たちより2週間だけ前に結婚したのよね。

夫：その通り。これだけの年月が過ぎて、彼は人生で役に立つことをはじめている。

妻：どんなボランティア？

夫：地元の図書館で子供たちに1日およそ1時間、本を読んで聞かせているんだ。

妻：それは素晴らしいわ！ 1日中テレビの前にいるだけだった彼が、それは素晴らしい活動だわ。

夫：彼は人生の新しい段階に入ったと言っていたよ。

妻：とてもいいことよ。とにかくあなた、もうこれくらいでいいわ。

夫：食卓の飾りがまだ終わってないんじゃないか？ グランド・オープン前にすべてが準備ができているか、心配じゃないの？

妻：大丈夫。あと必要なのは、壁の写真フレームがあと少しあればいいだけ。それで全部セットできるわ。

夫：本当に？ それはすごい！

Coffee Break ③

DIMPLE

　皆さんはDIMPLEという言葉を知っていますか？

　日本語で「えくぼ」のことです。

　DIMPLEのある人が微笑むと、ほっぺたがへっこみます。なかには、あごにもDIMPLEを持つ人もいるらしいです。多くの地域ではDIMPLEを持つ人は魅力的だと考えられています。

　さて、DIMPLEといえば、ウィスキーの瓶も持っていますね。また、スパークリングワインも瓶の底にDIMPLEを持っています。持ちやすさや、瓶を割ってしまったときに、こなごなになるのを防ぐためにあるそうです。ワインボトルも底にDIMPLEを持っています。これは瓶をテーブルに置くとき、より安定させて置くことができるためだと聞きました。さらに瓶の底に溜まる沈殿物を区分する役目もあるそうです。

　そういえばゴルフボールもたくさんのDIMPLE、持っていますね。DIMPLEがあると空気力学的にボールを高く、遠くへ飛ばすことができるらしいです。

　DIMPLEという英単語、もし知らなかった人は、ぜひ覚えてやってくださいね。

Lesson 4

Morning

Care if I join you

Can I have a look

but then it turned into

Can you guess

could have been much worse

couldn't agree more

Do you ever wish you could

check them out

Do you mind if

Do you want another

don't even know

英語の耳づくり エクササイズ 33

'Morning!

実際はこう聞こえる ➡ **mornin'**

意味
おはよう!

Listen carefully!

1. おはよう! 気分はどう?
   'Morning! How are you doing?
   mornin'

2. おはよう! みんないる?
   'Morning! Is everyone here?
   mornin'

3. おはよう! 用意はいい?
   "Morning! Are you ready?
   mornin'

4. おはよう! いい天気だね。
   "Morning! What a beautiful day.
   mornin'

5. おはよう! 週末はどうだった?
   "Morning! How was your weekend?
   mornin'

リスニング UP のポイント

日本語でもおなじみ「モーニング」の挨拶 Morning は、語尾の g がほとんど発音されません。~ ing でも頻出する語尾 g ですが、たいていリダクション(落音)しますのでご注意を。また、Good Morning の Good も ' で省略することが多く、'Morning! です。

英語の耳づくり エクササイズ 34

'Care if I join you

意味　〜入ってもいい？

実際はこう聞こえる ➡ [care]fai・joinya

Listen carefully!

CD 21 （ゆっくり）▶（ナチュラル）

①すみません。私も参加していいですか？
Excuse me. 'Care if I join you?
[care]fai・joinya

②このテーブルの席に座ってもいいですか？
'Care if I join you here at the table?
[care]fai・joinya

③会えてよかった！僕も入れてもらっていい？
It's so nice to see you! 'Care if I join you?
[care]fai・joinya

④こんばんは！夕食に入れてもらっていい？
Good evening! 'Care if I join you for dinner?
[care]fai・joinya

⑤ここはひどく込み合っているな。ここに入れてもらっていいかな？
It's so crowded in here. 'Care if I join you here?
[care]fai・joinya

リスニング UP のポイント

Care に続く if の i が非常に聞こえにくいので、これはかたまりで耳になじませておくとよいでしょう。会話でよく使います。

Lesson 4

英語の耳づくりエクササイズ 35

Can I have a look

意味 見せてもらえますか？

実際はこう聞こえる ➡ **Canai・hava・lu(k)**

Listen carefully!

CD 22 （ゆっくり）▶（ナチュラル）

☆1 もう一度見せてもらえますか？
Can I have a look at that again?
Canai・hava・lu(k)

☆2 あなたのタトゥーを見せてくれる？
Can I have a look at your tattoo?
Canai・hava・lu(k)

☆3 彼の写真アルバムを見せて？
Can I have a look at his photo album?
Canai・hava・lu(k)

☆4 どんなワインがあるのか見せてもらえますか？
Can I have a look at what kind of wines you have?
Canai・hava・lu(k)

☆5 授業のノートを見せてくれない？
Can I have a look at your class notes?
Canai・hava・lu(k)

リスニングUPのポイント

Can I は Canai、have a は hava とそれぞれ短く連結し、look のような語尾が破裂音 k で終わる単語はリダクション（落音）です。

英語の耳づくりエクササイズ 36

but then it turned into

意味 やがて変わった

実際はこう聞こえる → bu(t)・theni(t)・turdinta

Listen carefully!

① 最初は醜い幼虫だったんだ。でも美しい蝶に変身した。

First it was an ugly caterpillar but then it turned into a beautiful butterfly!
bu(t)・theni(t)・turdinta

② とても小さな子犬だったのが、グレートデーンに成長した。

The puppy was so tiny but then it turned into a huge great dane!
bu(t)・theni(t)・turdinta

③ その映画は最初は退屈だったんだけど、だんだんスリリングになったんだ。

The movie was boring at the beginning but then it turned into a great thriller.
bu(t)・theni(t)・turdinta

④ 昨日見たときはひどかったのですが、今日見たらそれは芸術的な作品に仕上がっていました。

It was awful when I saw it yesterday but then today it turned into a work of art.
bu(t)・theni(t)・turdinta

⑤ 最初はバグばっかりだったけど、すごいベストセラーのアプリになった。

It was full of bugs at first but then it turned into a wonderful best-selling app!
bu(t)・theni(t)・turdinta

リスニングUPのポイント

2つの要素に分けて認識し、それからCDで耳を慣らしましょう。まず but then it は bu(t) theni、次に turned into は turdinta と連結して聞こえます。かたまりで覚えておくとすぐに聞き取れるようになります。例文2の great dane とは犬の種類のことです。

Lesson 4

英語の耳づくりエクササイズ 37

Can you guess

意味: わかる?

実際はこう聞こえる ➡ **Canyu・ges**

Listen carefully!

1. 彼の年齢がわかる?
   Can you guess his age?
   Canyu・ges

2. 私が今夜どこに行くかわかる?
   Can you guess where I'm going tonight?
   Canyu・ges

3. 彼女が誰だかわかる?
   Can you guess who she is?
   Canyu・ges

4. このビールがどの銘柄のものか、わかりますか?
   Can you guess what brand of beer this is?
   Canyu・ges

5. 彼女の靴のサイズがわかりますか?
   Can you guess her shoe size?
   Canyu・ges

リスニングUPのポイント

Canyuと聞こえた音がCan youを表していると瞬間的に分かるようになりましょう。Can you guessというシンプルで便利なので、自分でもどんどん使ってみましょう。

英語の耳づくりエクササイズ 38

could have been much worse

意味：もっと悪かったかも

実際はこう聞こえる ➡ **cudabin [much worse]**

Listen carefully!

CD 23 （ゆっくり▶ナチュラル）

①　もっと悪かったかもしれないなんて、ありえない。
I don't know how it could have been much worse.
cudabin [much worse]

②　もっと悪い結果になっていたかもしれないんだよ、本当に！
The results could have been much worse, believe me!
cudabin [much worse]

③　もし彼が加わっていなければ、自体はもっと悪くなっていたとボスが言った。
The boss said that it could have been much worse if he hadn't come aboard.
cudabin [much worse]

④　プラスチックを使っていたら、もっと製品は悪かっただろう。
The product could have been much worse if we had used plastic.
cudabin [much worse]

⑤　もっと恐かったかもしれないよ。ブレーキがあっただけでも良かったよ。
The ride could have been much worse. At least it had brakes!
cudabin [much worse]

リスニング UP のポイント

現実には起こらなかったことについて、もし起こっていたらという仮定（想像）で話すときの could + have（過去完了）の表現です。could have been は cudabin です。例文 1 は It was terrible! と同じ意味です。

Lesson 4

英語の耳づくりエクササイズ 39

couldn't agree more
意味 賛成だ

実際はこう聞こえる ➡ **cudn・agreemor**

Listen carefully!

⭐① そう、花嫁は素晴らしかったわ！ 私も同感よ。
Yes, the bride was gorgeous. I couldn't agree more.
           cudn・agreemor

⭐② 素晴らしい料理ですね！ 私も同感です。
The menu was fantastic! I couldn't agree more.
         cudn・agreemor

⭐③ なにこのひどいサービス。私も同感。
What substandard service. I couldn't agree more.
         cudn・agreemor

⭐④ 私もそう思います。彼はチームにふさわしくありません。
I couldn't agree more. He's not right for the team.
 cudn・agreemor

⭐⑤ そうね。彼は彼女よりずっと礼儀正しかったわ。
I couldn't agree more. He's a lot more polite than her.
 cudn・agreemor

リスニング UP のポイント

couldn't agree more は「これ以上、賛成できる余地がない」というニュアンスで大賛成の意味を表します。決まり文句のように使われますので、その分スピードが速い。でも、かたまりで聞き慣れておけば、もう聞きこぼすこともなくなるはずです。

英語の耳づくりエクササイズ 40

Do you ever wish you could

意味 〜と願ったことない？

実際はこう聞こえる ➡ **Duya [ever] wishuu・cu(d)**

Listen carefully!

CD 24

☆1 一度すべてを忘れて、再スタートしたいと願ったことない？

Do you ever wish you could just forget everything
Duya [ever] wishuu・cu(d)
and start over?

☆2 どこかに飛んでいきたいと思ったことない？

Do you ever wish you could fly away?
Duya [ever] wishuu・cu(d)

☆3 彼が髪の毛を切ってくれたらって思ったことない？

Do you ever wish he would get a haircut?
Duya [ever] wishee・wu(d)

☆4 億万長者になりたいと願ったことありませんか？

Do you ever wish to be a millionaire?
Duya [ever] wishu to

☆5 ファッションモデルみたいにスリムになりたいと思ったことない？

Do you ever wish you were slim like a fashion model?
Duya [ever] wishuu

リスニング UP のポイント

Do you が Duya と短くシャープになることが多くあります。wish は you とくっつき、sh の語尾が shuu と伸びた感じになることで you が含まれているのを聞き取りましょう。could の語尾 d も破裂音。ほとんど省略されます。例文 3、4、5 の少し違うバージョンも練習してください。

Lesson 4　63

英語の耳づくりエクササイズ 41

check them out

意味: 〜をチェックして

実際はこう聞こえる ➡ **[check]'emou**

Listen carefully!

1. 新しいブーツよ！ チェックしなきゃ。
   New boots! Check them out.
   [check]'emou

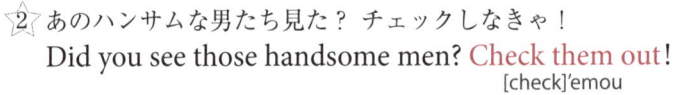

2. あのハンサムな男たち見た？ チェックしなきゃ！
   Did you see those handsome men? Check them out!
   [check]'emou

3. この3冊を図書館から借りたいのですが、ここでいいですか？
   I want these three books from the library.
   Can I check them out here?
   [check]'emou

4. 新型テレビを見た？ 新しい量販店に行って、それらをチェックしましょうよ！
   Have you seen the new TVs? Let's go to the new superstore and check them out!
   [check]'emou

5. 劇場の向かいに新しい中華料理店があるよ。行ってみようよ。
   There are new Chinese restaurants across from the theater.
   Let's check them out.
   [check]'emou

リスニングUPのポイント

check はいいとして、次の them がくせもの。'em としか聞こえないことが多いです。続く out は a に近い o の音なので注意してください。例文3のように、図書館などから本を借りるときも check out を使えます。

英語の耳づくりエクササイズ 42

Do you mind if

意味 〜しても構いませんか？

実際はこう聞こえる ➡ **Duya・ma・indif**

Listen carefully!

CD 25 (ゆっくり▶ナチュラル)

⭐1 タバコを吸ってもいいですか？
Do you mind if I smoke?
Duya・ma・indif

⭐2 ここに座ってもいいですか？
Do you mind if I sit here?
Duya・ma・indif

⭐3 これらの重い箱を下ろしても構いませんか？
Do you mind if I put these heavy boxes down?
Duya・ma・indif

⭐4 息子がこれらを借りてもいいですか？
Do you mind if my son borrows these?
Duya・ma・indif

⭐5 数分間彼女は席を外してもいいですか？
Do you mind if she leaves for a few minutes?
Duya・ma・indif

リスニングUPのポイント

自分がしたいことを相手に許してもらうための伺い表現です。非常によく使う定型表現である分、発音のスピードのギアは最大級に上がります。Do you は Duya、mind if は ma・indif です。

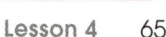

Lesson 4

英語の耳づくりエクササイズ 43

Do you want another

意味: もう一つ欲しい？

実際はこう聞こえる → **Duya·wana·nother**

Listen carefully!

1. ほかの仕事がほしいの？

   Do you want another job?
   Duya·wana·nother

2. コーヒーをもう一杯ほしいのですか？

   Do you want another cup of coffee?
   Duya·wana·nother

3. もう一台クルマがほしいの？ ほんとに？

   Do you want another car? Really?
   Duya·wana·nother

4. もっとフライドポテトを注文してほしい？

   Do you want another order of French fries?
   Duya·wana·nother

5. もっと褒めてほしいの？

   Do you want another compliment?
   Duya·wana·nother

リスニング UP のポイント

want another の連結のしかたに注目。want の破裂音 t は落ち、その前の n が次の語 another の語頭 a と結びつきます。つまり want another → wana·nother となります。

英語の耳づくりエクササイズ 44

don't even know

意味：〜さえ分からない

実際はこう聞こえる ➡ **doneeven・no**

Listen carefully!

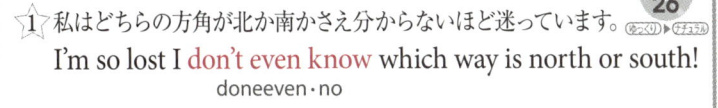

1. 私はどちらの方角が北か南かさえ分からないほど迷っています。
   I'm so lost I don't even know which way is north or south!
   doneeven・no

2. 富士山に登るだって？2階に上がれるかさえ分からないというのに！
   Climb Mt. Fuji? I don't even know if I can climb these stairs to the second floor! doneeven・no

3. 君とは結婚できない。君がどんな人かさえ知らないのだから！
   I can't marry you. I don't even know who you are!
   doneeven・no

4. 彼がたったいま家にいるかどうかさえ分かりません。
   I don't even know if he's home right now.
   doneeven・no

5. 駅がどこにあるかさえ分かりません。
   I don't even know where the train station is located!
   doneeven・no

リスニング UP のポイント

don't の語尾 t が消失し、たいていの場合 don としか聞こえません。続く even には don't の n がくっつき、doneeven という聞こえ方をします。know もはっきり発音されることは稀ですね。no と聞こえただけでも know を連想できるようにしておきましょう。

Lesson 4　67

> ダイアローグ

Breakfast in a restaurant

Man : 'Morning! 'Care if I join you?
Woman : Have a seat.
Man : Can I have a look at that menu?
Woman : Sure. I ordered an omelet yesterday but then it turned into a plate of scrambled eggs when I put my fork into it. Can you guess why?
Man : It was undercooked?
Woman : That's right. But it could have been much worse.
Man : How's that?
Woman : Well, if it were the sausages that needed more time on the grill that would have been gross!
Man : Ha ha. I couldn't agree more.
Woman : Do you ever wish you could go into the kitchen and demonstrate exactly how you would like your breakfast done?
Man : Umm… No. I'm not a picky eater.
Woman : Well, that's nice. Oh, look! Check them out.
Man : Is that that famous band?
Woman : Yes! Do you mind if I go over there and ask for an autograph?
Man : Be my guest.
[Woman returns with autograph.]
Man : The server came and asked, "Do you want another orange juice?"
Woman : What? Juice? I'm so excited about this autograph that I don't even know what I want!

レストランで朝ごはん

男性：おはよう！ ここ、いい？
女性：どうぞ。
男性：メニューを見てもいい？
女性：もちろん。私、昨日オムレツを注文したんだけど、フォークを入れた瞬間、スクランブルエッグの皿に変わったの。どうしてか分かる？
男性：それは十分に加熱されていなかった、ということ？
女性：その通り。でも、それくらいで済んでよかった。
男性：どういうこと？
女性：だって、それがグリルの上でより多くの時間を必要とするソーセージだったら、気持ち悪かったにちがいないもん！
男性：はは。そりゃそうだ。
女性：キッチンに入って、どんなふうに朝食を作ってほしいか正確に指示できたらって思ったことある？
男性：うーん…それはない。僕は選り好みをするほうじゃないから。
女性：へえ、それはいいわね。ああ、見て！ 彼らを見て！
男性：有名なバンドかい？
女性：そうよ！ あっちに行ってサインをもらってきてもいいかな？
男性：遠慮なくどうぞ。
［女性がサインを持って戻ってくる］
男性：店員が来て「もう一杯オレンジジュースはどうですか？」と訊いてたよ。
女性：なに？ ジュース？ サインのことで興奮しすぎて何が欲しいのかさえわからないわ！

Coffee Break ④

FOOD FRANCHISES

　McDonalds, Denny's, Coco's, Wendy's, KFC, Starbucks, Hooters, Red Lobster, Dominos, Subway, Shakey's, Baskin Robbins, Domino's, Pizza Hut, Haagen-Dazs, Mr. Donut… 多くのフード系フランチャイズが日本にはあります。皆さんはこれらフランチャイズがアメリカのブランドということを知っていましたか？

　この中にはケンタッキー・フライド・チキンがありませんが、代わりにKFCが入っています。ご存じのとおり同じ企業名を示しますが、アメリカではKentucky Fried Chickenではなく、通常、KFCのほうが使われています。Friedという単語が「油で揚げた＝不健康」という印象を連想させ、イメージダウンしてしまうからだと言われています。事業を多角化し、Chicken（チキン）以外の商品を取り扱う場合も、このほうが好都合だとも。

　お店のネーミングというのは、大切ですね。
日本ではバスキンロビンス・アイスクリームのことを「31アイスクリーム」と呼んでいます。一か月（31日間）の毎日、違った味を楽しむことができるというコンセプトから、日本のお店ではこのようにネーミングされました。アメリカ発祥なのにアメリカでは誰も31アイスクリームなんて知りません。でも確かにバスキンロビンスという元の名前は覚えにくいです。日本人は名前の付け方がとてもうまい！

Lesson 5

for a long time

Get out of here

getting on my nerves

I am trying to

have an advantage

I'd like you to

I hope you don't mind

get so absorbed in it that

Have you heard about

give it a go

going on for a while

have kept in mind

I'm scheduled to meet with

what are you into now

between you and me

英語の耳づくりエクササイズ 45

for a long time

意味 長い間

実際はこう聞こえる ➡ **fora・lon・tai**

Listen carefully!

1. 長い間ニューヨークに行っていません。
   I haven't been to New York for a long time.
   　　　　　　　　　　　　　　　fora・lon・tai

2. 長い間タバコは吸わなかった。
   I didn't smoke for a long time.
   　　　　　　　　fora・lon・tai

3. 長い間、私は天文学の勉強をしました。
   I studied astronomy for a long time.
   　　　　　　　　　　　fora・lon・tai

4. 長い間、私はシェフとして働いています。
   I have been working as a chef for a long time.
   　　　　　　　　　　　　　　　　fora・lon・tai

5. 彼らはずいぶん長く外出していない。
   They haven't gone out for a long time.
   　　　　　　　　　　　fora・lon・tai

リスニング UP のポイント

文字で見るとおなじみの表現ですが、音になると慣れるまでは戸惑いますので練習しておきましょう。for a→fora、long time→lon・tai と聞こえます。

英語の耳づくりエクササイズ 46

Get out of here

意味
うそー、出ていけ

実際はこう聞こえる ➡ **gedau·da·veer**

Listen carefully!

1 うそだろ！ よくもそんな馬鹿げたことが言えるな！
Get out of here! How can you say such a crazy thing!
gedau·da·veer

2 うそー！ キミっておもしろすぎる。
Get out of here! You're too funny.
gedau·da·veer

3 出て行け！ さもないと警察を呼ぶ。
Get out of here or else I'll call the cops.
gedau·da·veer

4 今すぐここから出て行け！
Get out of here right this moment.
gedau·da·veer

5 手遅れになる前にここから出ていくんだ。
Get out of here before it's too late.
gedau·da·veer

リスニング UP のポイント

t の音の変化が顕著なフレーズですので、しっかり練習しておきましょう。get と母音で始まる out がくっつくとき、get の t は d に近い音に変化します。同じく out が母音で始まる of とくっつくとき、out の t も d に近い音に変化します。of と here もリエゾンし、a·veer という音になります。

Lesson 5

エクササイズ 47

getting on my nerves

意味：いらいらさせる

実際はこう聞こえる ➡ **gedinon [my] nervz**

Listen carefully!

CD 29 （ゆっくり▶ナチュラル）

☆1 そわそわしちゃダメ。気になるじゃないの。
You have to stop fidgeting. You're getting on my nerves.
　　　　　　　　　　　　　　　　　　　　　　　gedinon [my] nervz

☆2 どうにもならないことに文句を言うのをやめて。いらいらするわ。
Stop complaining about things that cannot be helped!
You're getting on my nerves.
　　　　　gedinon [my] nervz

☆3 貧乏ゆすりをやめてほしんだけど。いらいらするから。
I wish you would stop jiggling your legs.
You're getting on my nerves.
　　　　　gedinon [my] nervz

☆4 気になるわね。お願いだからこれが終わるまで静かにしてね？
You're getting on my nerves.
　　　　　gedinon [my] nervz
Would you please keep quiet until I finish this?

☆5 気が散るわ。もっと協力してくださいよ。
You're getting on my nerves. Please be more cooperative.
　　　　　gedinon [my] nervz

リスニング UP のポイント

getting on my nerves は直訳すると「私の神経に作用する」で「いらいらさせる」を意味します。ここでもｔの音の変化をキャッチできるかがポイント。getting を gedin で捕えてください。さらに続く on とくっつき gedinon と聞こえます。例文1の fidget は「そわそわする」の意。

英語の耳づくりエクササイズ **48**

I am trying to

実際はこう聞こえる ➡ **[I am] tryinta**

意味: ～しようとしている

Listen carefully!

1. 私はタバコをやめようとしています。
   I am trying to stop smoking.
   [I am] tryinta

2. 私は体重を落とそうと努力しています。
   I am trying to lose weight.
   [I am] tryinta

3. 私は静かにしたいのだけど、黙っているのは容易ではない。
   I am trying to keep quiet but it's not easy.
   [I am] tryinta

4. 私は彼女のことをもっと理解したいと思っています。
   I am trying to be more understanding with her.
   [I am] tryinta

5. 少なくとも一日に一回はピアノの練習をしようと思っています。
   I am trying to practice the piano at least once a day.
   [I am] tryinta

リスニング UP のポイント

trying to を聞き取れるよう耳になじませましょう。to は限りなく弱い音になりがちなので、tryinta と聞こえることがあります。

Lesson 5

英語の耳づくりエクササイズ 49

have an advantage

意味
有利だ

実際はこう聞こえる ➡ **havan·advan·tej**

Listen carefully!

CD 30
(ゆっくり ▶ ナチュラル)

1. あなたはスペイン語を話すから有利だ。
   You **have an advantage** because you speak Spanish.
   havan·advan·tej

2. あなたは以前、サービス業で働いていたから有利です。
   You **have an advantage** because you've worked in the hospitality industry before.
   havan·advan·tej

3. あなたの方が有力だけれども私はそれを気にしないことにするわ。
   You **have an advantage** but I'm not going to let that bother me.
   havan·advan·tej

4. あたなは弱点ではなく強みを持っています。
   You **have an advantage**, not a disadvantage.
   havan·advan·tej

5. 他の候補者よりあなたが有利だと知っていますか？
   You know that you **have an advantage** over other candidates, don't you?
   havan·advan·tej

リスニング UP のポイント

冠詞 an に耳が慣れてくると、リスニング力は格段にアップします。ここでは have と an がまずくっつき havan と聞こえます。

英語の耳づくりエクササイズ 50

I'd like you to

意味: あなたに〜していただきたい

実際はこう聞こえる ➡ **[I'd] laikya・ta**

Listen carefully!

①　私のためにお店に行ってポテトチップスを買ってきてほしいんだ。
I'd like you to go to the store and pick up some potato chips for me.
[I'd] laikya・ta

②　可能性があることを信じてほしい。
I'd like you to believe in what is possible.
[I'd] laikya・ta

③　君に今日から運動を始めてほしいんだ。
I'd like you to start the exercise from today.
[I'd] laikya・ta

④　君にこのメガネをかけてほしいんだ。
I'd like you to wear these glasses.
[I'd] laikya・ta

⑤　君に炭水化物を減らしてほしいのだけど。
I'd like you to cut down on your carbohydrates.
[I'd] laikya・ta

リスニング UP のポイント

「自分が〜したい」という I'd like to に対して、これは「あなたに〜してほしい」と頼む場合の表現です。you が間に入っているのを聞き取らなければなりませんので、ナチュラルスピードで耳を慣らしておきましょう。

Lesson 5

英語の耳づくりエクササイズ 51

I hope you don't mind

意味: あなたが気にしなければいいが

実際はこう聞こえる ➡ **[I hope] yadon・ma・in(d)**

Listen carefully!

① 私が彼女を誘ってもあなたが気にしないといいな。
I hope you don't mind if I ask her out.
[I hope] yadon・ma・in(d)

② こんな服装でも構わなければよいのですが。
I hope you don't mind my dressing like this.
[I hope] yadon・ma・in(d)

③ 私の子供がついてきても気にならなればいいけど。
I hope you don't mind that my children will be coming along.
[I hope] yadon・ma・in(d)

④ 彼の質問をあなたが気にしなければいいのだけど。
I hope you don't mind his questions.
[I hope] yadon・ma・in(d)

⑤ 今夜、彼が私たちに加わるのをあなたが気にしなければいいけど。
I hope you don't mind his joining us tonight.
[I hope] yadon・ma・in(d)

リスニング UP のポイント

速いスピードで聞こえてきますので、文字を頭に思い浮かべる余裕はないでしょう。hope の破裂音 p は聞こえませんし、同じく don't の t、mind の d も省略する傾向にあります。というか、はっきり口にしなくても当たり前に伝わるからです。mind if は d を飛ばして mind の n と if がリエゾンします。

英語の耳づくりエクササイズ 52

get so absorbed in it that

意味 〜するほど夢中になる

実際はこう聞こえる ➡ **get'so [absorbed] ini·tha(t)**

Listen carefully!

① 私は時間を忘れるほど夢中になります。

I get so absorbed in it that I forget about the time.
get'so [absorbed] ini·tha(t)

② 食べるのを忘れるほど私は夢中になります。

I get so absorbed in it that I forget to eat.
get'so [absorbed] ini·tha(t)

③ 夢中になります。すごいゲームです。

I get so absorbed in it. It's a fantastic game!
get'so [absorbed] ini(t)

④ 妻が私のことを心配になるほど私はそれに夢中になります。

I get so absorbed in it that my wife worries about me.
get'so [absorbed] ini·tha(t)

⑤ 私は他のものが取るに足らないものになるくらいそれにはまります。

I get so absorbed in it that other things become insignificant.
get'so [absorbed] ini·tha(t)

リスニング UP のポイント

get の t を so につなげて get'so（ゲッツォ）と聞こえることが多いです。何に夢中になったかが次に述べられるとき、in it that はスピードが速く、ini·tha くらいに聞こえるはずです。例文 3 のみ in it で終わる表現です。

Lesson 5

英語の耳づくりエクササイズ 53

Have you heard about

意味
聞いた？

実際はこう聞こえる ➡ **hav·ya·herda·bou(t)**

Listen carefully!

1. コンビニに設置された3Dプリンターのこと聞いた？
   Have you heard about the 3D printers they have at that convenience store?
   hav·ya·herda·bou(t)

2. 最新のiPhoneのこと聞いた？
   Have you heard about the latest iPhone?
   hav·ya·herda·bou(t)

3. 私の報告書について聞きましたか？
   Have you heard about my report?
   hav·ya·herda·bou(t)

4. 空港で何があったか聞きましたか？
   Have you heard about what happened at the airport?
   hav·ya·herda·bou(t)

5. 新規格について聞きました？
   Have you heard about the new standards?
   hav·ya·herda·bou(t)

リスニングUPのポイント

haveとyouはよく聞く組み合わせ。相手にも分かりきっている表現だけに、その分スピードが速く、hav·yaのように聞こえます。日本にはheardの発音が苦手な方が多いのでここでも確認してください。aboutをともなってherda·bouと聞こえます。

英語の耳づくりエクササイズ 54

give it a go

実際はこう聞こえる ➡ **givi·dago**

意味
やってみて

Listen carefully!

1. やってごらん！気に入るかもよ。
   Give it a go! You might like it.
   givi·dago

2. やってみようかどうか迷っている。とても複雑そうだもの。
   I'm not sure if I should give it a go. It sounds complicated.
   givi·dago

3. もし僕が君なら、やってみるのに。
   If I were you I would give it a go first.
   givi·dago

4. 彼は私にやってみろと言ったが、私はどうしようかと思っている。
   He told me to give it a go but I'm not so sure.
   givi·dago

5. 私はついに挑戦する準備ができました。
   I'm finally ready to give it a go.
   givi·dago

リスニング UP のポイント

これは it の t の変化さえ捕えることができれば大丈夫です。日常会話でよく使われる表現なので、意味もしっかり押さえておきましょう。

Lesson 5

英語の耳づくりエクササイズ 55

going on for a while

意味 しばらく続く

実際はこう聞こえる ➡ **goinon・fora [while]**

Listen carefully!

☆1 彼らの不倫はしばらく続いています。
Their affair has been going on for a while.
　　　　　　　　　　　　goinon・fora [while]

☆2 キャンペーンはしばらく続いています。
The campaign has been going on for a while.
　　　　　　　　　　　　goinon・fora [while]

☆3 それはしばらく続いていたんだ？ 知らなかった！
Has it been going on for a while? I didn't know that!
　　　　　　goinon・fora [while]

☆4 コンサートツアーはしばらく続いています。
The concert tour has been going on for a while.
　　　　　　　　　　　　goinon・fora [while]

☆5 しばらくの間、監視が続いています。
The surveillance has been going on for a while.
　　　　　　　　　　　　goinon・fora [while]

リスニングUPのポイント

going to は goinon と聞こえます。for a while は頭が fora とリエゾンし、while が続きます。

英語の耳づくりエクササイズ 56

have kept in mind

意味 心にとめる

実際はこう聞こえる ➡ **havkepten・myn**

Listen carefully!

1 君が僕に言ったことをずっと覚えています。
I have kept in mind what you told me.
havkepten・myn

2 誰に売るかをいつも頭に入れていた。
They have kept in mind their target audience.
havkepten・myn

3 熟考すべき要因を胸の内にとってあります。
I have kept in mind the factors to consider.
havkepten・myn

4 重要事項を心にとめています。
I have kept in mind the important points.
havkepten・myn

5 その計画に必要な時間を心にとめています。
I have kept in mind the time frame needed for the project.
havkepten・myn

リスニング UP のポイント

have kept in が 1 語のように havkepten と聞こえてきます。mind の破裂音 d はたいてい落音します。kept in が「キャプテン」と聞こえてしまう場合もありますので、逆にそう聞こえたら kept in かなと思ってください。

Lesson 5

英語の耳づくりエクササイズ 57

I'm scheduled to meet with

意味: ～と会うことになっている

実際はこう聞こえる ➡ [I'm] skeju・damee [with]

Listen carefully!

① 明日、私の弁護士に会うことになっています。
I'm scheduled to meet with my lawyer tomorrow.
[I'm] skeju・damee [with]

② 朝、医者と会うことになっています。
I'm scheduled to meet with the doctor in the morning.
[I'm] skeju・damee [with]

③ 正午にガイドさんと会うことになっています。
I'm scheduled to meet with my guide at noon.
[I'm] skeju・damee [with]

④ PTAの人と会う予定です。
I'm scheduled to meet with the PTA.
[I'm] skeju・damee [with]

⑤ すべての新入社員と会うことになっています。
I'm scheduled to meet with all the new hires.
[I'm] skeju・damee [with]

リスニングUPのポイント

scheduled to meet が聞き取れるかがポイントです。scheduled の語尾 ed が to とくっつくと skeju・da と聞こえます。そのあとすぐに meet を mee とつなげています。

英語の耳づくりエクササイズ 58

what are you into now

意味 いま何に熱中している？

実際はこう聞こえる → **wadaya・inta [now]**

Listen carefully!

1. いま何に熱中しているか教えてくれる？
   Tell me, what are you into now?
   wadaya・inta [now]

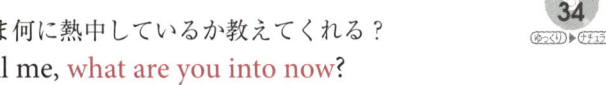

2. 前に話した時、科学に興味があるって言ったね。いまは何に興味ある？
   The last time we spoke you were into science.
   What are you into now?
   wadaya・inta [now]

3. あなたはカエルの研究をしていたね。いまは何やってるの？
   You used to study frogs. What are you into now?
   wadaya・inta [now]

4. 今はどんなことに凝っているの？
   What are you into now? Skydiving?
   wadaya・inta [now]

5. あなたがいま熱中していることは何ですか。
   What is the thing that you are into now?
   ya・inta [now]

リスニングUPのポイント

what are you は wadaya と1語のように聞こえます。into は速い場合 inta と聞こえますので注意してください。

Lesson 5

英語の耳づくりエクササイズ 59

between you and me

意味 内緒、あなたと私の間

実際はこう聞こえる ➡ 'tween・yu'n・mee

Listen carefully!

① ここだけの話だけど。
This is just between you and me.
　　　　　　　　'tween・yu'n・mee

② たとえあなたと私の間でも誤解はあるよ。
Even between you and me, we have misunderstandings.
　　　　'tween・yu'n・mee

③ 私たちの間ですら問題ではない。
It's not a problem, even between you and me.
　　　　　　　　　　　　　　　'tween・yu'n・mee

④ 意見の相違が私たちの中ですらある。
There are disagreements, even between you and me.
　　　　　　　　　　　　　　　　'tween・yu'n・mee

⑤ 内緒だけど、マークの考えはどうも私の心に訴えるものがないんだ。
Between you and me, Mark's idea doesn't appeal to me
'tween・yu'n・mee
very much.

リスニングUPのポイント

二人だけの秘密ごとを話すときによく使う表現です。between の頭 be が結構省略される場合があるので要注意。you and me は yu'n・mee とくぐもって聞こえますが、慣れれば簡単でしょう。

ダイアローグ

Siblings

Sister : We haven't spoken for a long time.

Brother: Get out of here! I was here just last week! You're getting on my nerves again.

Sister : I apologize. I am trying to stop being so needy. You have an advantage because you're married so you're not all alone like I am.

Brother: I'd like you to know that I'm almost officially divorced now.

Sister : What? I hope you don't mind my asking, but why?

Brother: According to her, soccer is more important than family for me.

Sister : Is that true?

Brother: Well, you know, I get so absorbed in it sometimes.

Sister : Have you heard about the new marriage counseling center downtown? Maybe you should give it a go.

Brother: Our marriage problems have been going on for a while. I have kept in mind that advice, Sister, that you gave me many years ago.

Sister : Advice? I gave you advice?

Brother: Yes. You told me that I should never be afraid to ask for help. Actually, I'm scheduled to meet with a counselor this afternoon!

Sister : I'm proud of you.

Brother: So, what are you into now?

Sister : Well, between even you and me, there are some things I can't share.

Brother: What did you say?

Sister : Ha ha, I'm just kidding. I'm into Korean pop stars.

ダイアローグ

姉と弟

姉：私たち長いこと口を聞いていないわ。

弟：よく言うよ！ 先週ここに来てたじゃない！ 姉さんはまた僕をいらいらさせるつもりなのかい。

姉：ごめん。安心を求めるのをやめようとしているのだけど… あなたはひとりぼっちの私とちがって結婚してるから強いよね。

弟：もうすぐ正式に離婚する。姉さんには知っていてほしいんだ。

姉：なんですって？ どうしてか、聞いてもいいかな？

弟：彼女によると、僕は家族よりサッカーが大切なんだってさ。

姉：それは本当のこと？

弟：さあ、でも知っての通り、僕は時々サッカーにとても夢中になってしまうんだよ。

姉：ダウンタウンに新しい夫婦間の不和に関するカウンセリングセンターができたこと知ってる？ そこに行ってみれば。

弟：僕たちの結婚問題はずっと続いていたんد。姉さんが助言を心にとめていたんだ。何年も前に言ってくれたことを。

姉：助言？ 私があなたに助言をした？

弟：ああ。姉さんは僕に助けを求めることを決して恐れないでと言いました。実は僕、今日の午後カウンセラーに会うんだ！

姉：私はあなたを誇りに思うわ。

弟：それで、姉さんはいま何に夢中なの？

姉：う〜ん、あんたと私の間でさえシェアできないものがあるのよ。

弟：何だって？

姉：ハハ、冗談よ。私、韓国のポップ・スターに夢中なの。

Lesson 6

been wanting to go to

heard that it's

Why did you decide to

They are having a

That will be

No matter what

taking in

when you get back

英語の耳づくりエクササイズ 60

been wanting to go to

意味 ずっと行きたかった

実際はこう聞こえる → **[been] wan・dinda・gota**

Listen carefully!

CD 37 ゆっくり▶ナチュラル

☆1 彼らは日本に初めて来てからずっと京都に行きたかった。

They've been wanting to go to Kyoto ever since they first arrived in Japan.
　　　　[been] wan・dinda・gota

☆2 彼女はずっと伊勢神社に行きたかった。

She's been wanting to go to Ise Shrine.
　　　[been] wan・dinda・gota

☆3 彼はずっとアニメのイベントに行きたいと思っていて、ついに実現したみたいだ！

He's been wanting to go to an anime event and it looks like he's finally going!
　　[been] wan・dinda・gota

☆4 みんなずっとビュッフェを食べに行きたがっているんだけど、まだ実現しない。

Everyone's been wanting to go to the buffet but it's not happened yet.
　　　　　[been] wan・dinda・gota

☆5 私はずっとあなたの展示会に行きたいと思っています。

I've been wanting to go to your exhibition.
　　[been] wan・dinda・gota

リスニング UP のポイント

どこか知らない土地に行ってみたい、という願望は多くの人が持っています。これもよく聞く表現です。been という語に気持ちの継続が込められています（現在完了の継続の意）。to の音の変化に注意して練習しましょう。

英語の耳づくりエクササイズ 61

heard that it's

意味: 聞いている

実際はこう聞こえる ➡ her・tha・it's

Listen carefully!

1. 世界を見る絶好のチャンスだと聞いています。
   I've heard that it's a fantastic opportunity to see the world.
   her・tha・it's

2. 彼女はそれは一生の体験だと聞いています。
   She's heard that it's an experience of a lifetime.
   her・tha・it's

3. 彼はそれは納税者のお金の無駄づかいだと聞いています。
   He's heard that it's a waste of taxpayers' money.
   her・tha・it's

4. 私はそれは失敗だと聞いています。
   I heard that it's a failure.
   her・tha・it's

5. 彼らはそこがシュールな場所であると聞いています。
   They heard that it's a surreal place.
   her・tha・it's

リスニング UP のポイント

ポイントは何を聞いたかを伝える that に続く it's の速さに耳がついていけるかです。耳になじませておけば、別の語に聞きまちがえるということもなくなります。

Lesson 6

英語の耳づくりエクササイズ 62

Why did you decide to

意味：どうして～に決めた？

実際はこう聞こえる → [why] ju・dee・sai・da

Listen carefully!

①どうしてホッケーをしようと決めたんだい？
Why did you decide to play hockey?
[why] ju・dee・sai・da

②どうして歌うことを職業にしようと決めたのですか？
Why did you decide to make singing your career?
[why] ju・dee・sai・da

③なぜあなたは体験談を語ることに決めたのですか？
Why did you decide to tell your life story?
[why] ju・dee・sai・da

④どうして君は安全を期することに決めたのですか？
Why did you decide to play it safe?
[why] ju・dee・sai・da

⑤どうしてあなたはやめることにしたのですか？
Why did you decide you would quit?
[why] ju・dee・sai・da

リスニング UP のポイント

過去形の疑問文冒頭の did you が ju と短く言われても聞き取れるようにしましょう。さらに decide の語尾 de が強く発音されないところも要注意です。例文5だけ decide のあとに名詞節（～こと）が来ますので、こういうパターンも一度聞いておいてください。

英語の耳づくりエクササイズ 63

They are having a

実際はこう聞こえる ➡ **They'er・havina**

意味：彼らは〜をしている

Listen carefully!

CD 38

1. 彼らは素晴らしい時間を過ごしています！
   They are having a great time!
   They'er・havina

2. 彼らは豪華客船で大きなパーティーをしています。
   They are having a big party on the Queen Elizabeth.
   They'er・havina

3. 彼らはただいま会議をしています。
   They are having a meeting right now.
   They'er・havina

4. 彼らはビュッフェ方式の夕食をとっています。
   They are having a buffet dinner.
   They'er・havina

5. 彼らはコンベンション・センターでブックフェアを開いています。
   They are having a book fair at the convention center.
   They'er・havina

リスニング UP のポイント

having の g の音ではなく n が続く a とリエゾンすることを知っているかどうかが重要です。ing ＋母音の音の変化に慣れておくと、ずいぶん聞き取りがラクになります。例文2の the Queen Elizabeth は豪華客船（Big gorgeous ship）の代名詞。

Lesson 6

英語の耳づくり エクササイズ 64

That will be

意味
〜するだろう

実際はこう聞こえる ➡ **Tha·oh·bee**

Listen carefully!

① それは素晴らしいことでしょう！
That will be magnificent!
tha·oh·bee

② それは夢が叶ったようなことになるね！
That will be like a dream-come-true!
tha·oh·bee

③ それは癒やされます。
That will be healing.
tha·oh·bee

④ それはたいへん特別なものでしょう。
That will be very special.
tha·oh·bee

⑤ 私にとってはじめてのことになるでしょう。
That will be my first time.
tha·oh·bee

リスニング UP のポイント

That の音をネイティブスピーカーは日本人の方が教科書で習ったような音で言ってくるとは限りません。上下の歯の隙間に舌を入れる掠れ音 th です。日本の方には that が「ダッ」のように聞こえてくる場合もありますので覚えておきましょう。

英語の耳づくりエクササイズ 65

No matter what

意味 何がなんでも

実際はこう聞こえる ➡ **[No] mader·wa(t)**

Listen carefully!

① 何がなんでも、あなたは広島平和記念には行くべきだよ。
No matter what, you must visit Hiroshima Peace Memorial.
[No] mader·wa(t)

② 何がなんでも、町にいる間あなたは祖母を訪ねるべきよ。
No matter what, you must visit your grandmother while
[No] mader·wa(t)
you're in town.

③ 何がなんでも、死ぬ前にニューヨーク・シティに行くべきよ。
No matter what, you must visit New York City before you die.
[No] mader·wa(t)

④ 何がなんでも、西海岸にいるならヨセミテに行くべきよ。
No matter what, you must visit Yosemite when you're on
[No] mader·wa(t)
the West Coast.

⑤ 何がなんでも、少なくとも一回は私を訪ねて来なさい。
No matter what, you must visit me at least once.
[No] mader·wa(t)

リスニング UP のポイント

matter の tt の音の練習です。ここでも t は d に聞こえるという大きな変化をします。定型表現ですので、what も限りなく弱く発音されます。t はほとんど聞こえないでしょう。

Lesson 6

英語の耳づくりエクササイズ **66**

taking in

実際はこう聞こえる ➡ **tay·kinin**

意味
楽しむ、理解する

Listen carefully!

1. 二条城を見るのはどうでしょう？
   How about taking in Nijo Castle?
   　　　　　　 tay·kinin

2. 彼が言っていることを全部理解できるの？
   Are you taking in all he is saying?
   　　　　 tay·kinin

3. あなたは山の新鮮な空気を吸うために、外を歩かなければいけません。
   You have to walk outside taking in the fresh air of the mountains.
   　　　　　　　　　　　　 tay·kinin

4. 名所をゆっくり歩きながら風景を見るのは楽しい。
   Strolling outside taking in the sights is so much fun.
   　　　　　　　　 tay·kinin

5. 事情を察した夫は身を引いて彼女のもとを去りました。
   The husband, taking in the situation, steps aside and leaves her.
   　　　　　　　 tay·kinin

リスニング UP のポイント

ing 形＋母音のパターンです。taking の語尾 g は発音されず、n が続く in の母音 i とくっつきます。

英語の耳づくりエクササイズ 67

when you get back

意味 あなたが戻ったら

実際はこう聞こえる ➡ **wen ya·geba(k)**

Listen carefully!

☆1 あなたが戻ったら、もう一度トランプをしましょう。
When you get back, let's play cards again.
wen ya·geba(k)

☆2 あなたが戻ったら、私たちは相撲を観に行かないとね。
When you get back, we have to go to a sumo match.
wen ya·geba(k)

☆3 戻ったら、すぐに私に電話するのよ。
When you get back, be sure to call me right away.
wen ya·geba(k)

☆4 戻ったら、私に資料を持ってきて。ありがとう。
Bring me the paperwork **when you get back**. Thanks.
wen ya·geba(k)

☆5 戻ったら、旅行の話を聞かせてね。
Tell me about your trip **when you get back**.
wen ya·geba(k)

リスニング UP のポイント

when you は必ずリエゾンしますので wen ya で耳になじませてください。get back には破裂音が続きます。get の t、back の ck はあまり音が飲み込まれたかのように聞こえてきません。

Lesson 6

Summer Vacation

A: Where are you going this summer?

B: I'm finally going to get to go to Sedona. I've been wanting to go there for such a long time!

A: Sedona in Arizona!

B: Uh hun. I've heard that it's an amazing place.

A: It is. Why did you decide to go to Sedona?

B: Actually, a friend of mine from high school is getting married there. They are having a ceremony outside among the huge red rocks.

A: That will be breathtaking!

B: Yeah. Are there any places that you recommend I see while I'm in Sedona?

A: No matter what, you must visit the Chapel of the Holy Cross. It's a delightful place of worship. Many people are deeply moved by the beautiful structure and location.

B: Thanks for the information. I'll definitely visit.

A: Also, you have to dine outside taking in the magnificent views surrounding Sedona. There are several restaurants with tables outdoors.

B: OK, I'll do that. Is there anything you would like me to pick up for you while I'm there?

A: No, just enjoy your trip. Oh, and show me photos when you get back.

B: 'Will do!

夏休み

A：この夏はどこへ行くつもり？

B：私はついにセドナへ行くの。長い間ずっとそこに行きたかったんだから！

A：アリゾナのセドナ！

B：そうよ。素晴らしい場所って聞いているわ。

A：そうだね。どうしてSedonaへ行くことに決めたんだい？

B：実は高校からの友人がそこで結婚するのよ。彼らは巨大な赤い岩の間で屋外式典を開くの。

A：それは息をのむような光景だろうな！

B：うん。私がセドナにいる間、お勧めの場所はある？

A：何があってもホリー・クロスの教会は行ったほうがいいよ。そこは素晴らしい礼拝所だよ。たくさんの人がその美しい構造と場所にとても感動します。

B：情報ありがとう。ぜひ訪ねたいわ。

A：さらに君はセドナを囲む絶景の屋外で食事をしなきゃね。屋外にテーブルがあるレストランがいくつかあるから。

B：オーケー、そうする。私がそこにいる間、あなたのために何か持って帰ってくるものあるかな？

A：いいえ、君はただ旅を楽しめばいいって。ああ、戻ったら写真を見せてよ。

B：見せるわ！

Coffee Break ⑤

BILLBOARDS

　ハワイに行ったことのある人は、そこがどれほど美しい場所か、よくご存じでしょう。その理由の一つはBILLBOARDS（看板）がハワイの州法で禁止されるからです。道ばたに広告看板を立てることはハワイでは許されない行為なのです。

　多くの人は常夏の楽園を満喫するために訪問します。そこで「これを買って」「そこに行こう」なんていう企業目線の広告で目を刺激されたくありません。

　日本の新幹線に乗ると、私はいつも森や田園風景が広がる車窓を楽しみます。でも時々、畑の真ん中にドーンと大きな広告看板が立てられていますね。びっくりします。

　ブラジルのサンパウロ市でもBILLBOARDSは禁止されました。するとそこを訪れる多くの人々が、街がきれいになったと言っています。

　一方、アメリカのフロリダ州ではBILLBOARDSを妨害する木々があれば切り倒してもよいという法律があります。Money is more important than preserving nature!（お金が自然保護よりも重要）と考えられているのですね。さらにニューヨーク市のタイムズ・スクエアでは、契約テナントはお客さんを呼び込むために必ず看板を掲げることを義務づけられています。

　さて、皆さんはBILLBOARDSに賛成ですか、反対ですか？

Lesson 7

has not landed yet

forty-eight

and an old

and a bite to eat

That sounds good

What are you going to

haven't seen her

I think we ought to

almost sure that's her

英語の耳づくりエクササイズ 68

has not landed yet

意味
まだ着陸していない

実際はこう聞こえる ➡ [has] na(t)・lan・ded・ye(t)

Listen carefully!

☆1 全日空865便はまだ着陸していません。
ANA 865 has not landed yet.
[has]na(t)・lan・ded・ye(t)

☆2 彼がまだ着陸していないから待っているんです。
I'm still waiting because he has not landed yet.
[has]na(t)・lan・ded・ye(t)

☆3 彼女はまだ着陸していません。着陸したらすぐに電話します。
She has not landed yet. I'll call you as soon as she does.
[has]na(t)・lan・ded・ye(t)

☆4 ヘリコプターはまだ着陸していません。
The helicopter has not landed yet.
[has]na(t)・lan・ded・ye(t)

☆5 パラシュートは見えましたが、まだ着陸していません。
I can see the parachute but it has not landed yet.
[has]na(t)・lan・ded・ye(t)

リスニングUPのポイント

「まだ〜していない」という継続の否定表現です。notの発音を「ノット」ではなく、na(t)で聞き取れるように練習してください。landedの語尾dは続くyetとくっつき、lan・ded・ye(t)と聞こえます。

英語の耳づくりエクササイズ 69

forty-eight

意味: 48

実際はこう聞こえる ➡ **fordy・ei(t)**

Listen carefully!

☆1 48だった思いますが、確信はありません。
I think it was forty-eight, but I'm not sure.
　　　　　　　　fordy・ei(t)

☆2 きっと48のはずだけど、でも正確じゃないわ。
It must have been forty-eight, but I'm not positive.
　　　　　　　　　fordy・ei(t)

☆3 48だと思います。
I believe it was forty-eight.
　　　　　　　fordy・ei(t)

☆4 48のはずです。
It had to have been forty-eight.
　　　　　　　　　fordy・ei(t)

☆5 いいえ、48よ。確かです。
No, forty-eight, I'm sure.
　　　fordy・ei(t)

リスニング UP のポイント

フライト番号など数字を聞きまちがえると大変なことになります。eighty(80) や ninety(90) のように10の位は -ty とつきますが、ここでも t の音が変化し、eidy、ninedy と聞こえます。他にも twenty(20) は tweny と聞こえますので注意が必要です。eight の後半の破裂音 ght は音が飲み込まれあまり聞こえず、ei(t) です。

Lesson 7

英語の耳づくりエクササイズ 70

and an old

意味
そして古い〜

実際はこう聞こえる ➡ **en・na・nol**

Listen carefully!

①トムは川と古い橋を見ました。
Tom saw a river and an old bridge.
　　　　　　　　en・na・nol

②大切な友だち、昔からの友だち。
A dear friend, and an old friend.
　　　　　　　　en・na・nol

③彼は自転車を新しいもの古いもの一台ずつ持っています。
He has a new bicycle and an old bicycle.
　　　　　　　　　　en・na・nol

④彼女と出会ったとき、私はジーンズと古いTシャツを着ていました。
I was wearing jeans and an old T-shirt when I ran into her.
　　　　　　　　　en・na・nol

⑤そのダンスパーティーにジーンズと古いTシャツを着ていく人はいない。
Nobody will be wearing jeans and an old T-shirt to the dance party.
　　　　　　　　　　　　en・na・nol

リスニングUPのポイント

母音が連続する字並びを練習しておきましょう。and の d は落音し、n が次の冠詞 an と結びつきますので、en・nan となります。しかしさらに an が old と結びつくので a・nol。3つを一気に言うと en・na・nol と聞こえます。

英語の耳づくりエクササイズ 71

and a bite to eat

意味：それから軽く食事する

実際はこう聞こえる ➡ **ena・bai [to eat]**

Listen carefully!

① まずはドーナツとアイスティーね。それで映画のあと軽い食事しない？
How about donuts and iced tea right now,
and a bite to eat after the movie?
　　ena・bai [to eat]

② このバーで1杯、バーガーショップで軽い食事ってのはどう？
How about one drink at this bar and a bite to eat at the
hamburger place?　　　　　　　　　　　ena・bai [to eat]

③ カフェ・ラテと軽い食事はどう？
How about a café latte and a bite to eat?
　　　　　　　　　　　ena・bai [to eat]

④ コンサートに行って、そのあと軽い食事はどう？
How about a concert and a bite to eat afterwards?
　　　　　　　　　　ena・bai [to eat]

⑤ ダンスをして8時くらいに軽い食事をするのはどう？
How about dancing and a bite to eat at around eight o'clock?
　　　　　　　　　ena・bai [to eat]

リスニング UP のポイント

tやdの音は変化に富む音で、ここでもhaven'tのt、heardのdがまったく聞こえません。省略されることが多い上に、aboutのtのようにdの音に近く変化することがあります。bauditと聞こえます。

Lesson 7

英語の耳づくりエクササイズ 72

That sounds good

意味 いいねえ

実際はこう聞こえる ➡ **Tha′·sa·ownz·goo(d)**

Listen carefully!

CD 44 （ゆっくり▶ナチュラル）

1. ジャズのコンサート？ いいねえ。
   A jazz concert? That sounds good.
   Tha′·sa·ownz·goo(d)

2. チェスの試合？ いいねえ。
   A game of chess? That sounds good.
   Tha′·sa·ownz·goo(d)

3. フリスビーのコンテストにでるかって？ 面白そうだね、やろうぜ。
   Attend a Frisbee-throwing contest? That sounds good, let's do that.
   Tha′·sa·ownz·goo(d)

4. ディズニー映画を見る？ いいねえ、いつ？
   Watch a Disney movie? That sounds good. When?
   Tha′·sa·ownz·goo(d)

5. 寝ようか？ そうだね、そうしよう。
   Go to bed? That sounds good.
   Tha′·sa·ownz·goo(d)

リスニング UP のポイント

何かしない？と提案されて、同意するときの表現です。That の t は音が飲み込まれたように聞こえず、「ダッ」くらいに聞こえます。good の d もリダクションします。

英語の耳づくりエクササイズ 73

What are you going to

意味　〜するつもり？

実際はこう聞こえる ➡ **Wadaya・gointa**

Listen carefully!

CD 44
ゆっくり ▶ ナチュラル

☆1 あなたはどうする？
What are you going to do?
Wadaya・gointa

☆2 何を着ていく？
What are you going to wear?
Wadaya・gointa

☆3 何を歌う？
What are you going to sing?
Wadaya・gointa

☆4 これからどうするの？
What are you going to do now?
Wadaya・gointa

☆5 何を選びますか？
What are you going to select?
Wadaya・gointa

リスニング UP のポイント

What are you が早口になると Wadaya と聞こえます。going to は to を限りなく弱く gointa、続く動詞に音のストレスをかけるのが普通です。

英語の耳づくりエクササイズ 74

haven't seen her

実際はこう聞こえる ➡ **havn・seener**

意味：彼女とずっと会っていない

Listen carefully!

1. 何世紀も彼女に会ってない感じだ！
   It seems like I haven't seen her in centuries!
   　　　　　　　　havn・seener

2. リンダ？ 15年は会っていませんよ。
   Linda? I haven't seen her in fifteen years.
   　　　　　havn・seener

3. メリル・ストリープ？ その手の映画には出たのを観ていません。
   Meryl Streep? I haven't seen her in that kind of movie ever.
   　　　　　　　　havn・seener

4. ドレスを着た彼女を長いこと見ていない。
   I haven't seen her in a dress in so long.
   　　havn・seener

5. 彼らはまだ東京で彼女に会っていません。
   They haven't seen her in Tokyo yet.
   　　　havn・seener

リスニングUPのポイント

haven'tのtをはっきり音にすることは稀ですから、havnで否定表現だとキャッチできるかがポイントです。seen herはリエゾンしてsee・nerと聞こえます。

料金受取人払
杉並支店承認
3075
差出有効期間
平成27年1月
31日まで

郵便はがき

| 1 | 6 | 6 | 8 | 7 | 9 | 0 |

東京都杉並区
高円寺北2-29-14-705

Jリサーチ出版

「愛読者カード係」行

自宅住所 電話番号	〒　　　　電話(　　　)
フリガナ 氏　　　名	
メールアドレス	
ご職業 または 学校名	男・女 / 年齢
ご購入 書店名	

※本カードにご記入いただいた個人情報は小社の商品情報のご案内を送付する目的にのみ使用いたします。

本書の書名をご記入ください

[   ]

Q この本をお買いになった動機についてお書きください。

Q 本書についてご感想またはとりあげてほしい内容についてお書きください。

Q 本書をご購入されたきっかけは何ですか。
1.書店で見て　　　　　　　2.新聞広告　　　　　　　3.雑誌広告
4.書評・紹介記事　　　　　5.小社ホームページ
6.電子メールサービス　　　7.その他インターネット(　　　　　　　)
8.図書目録　　　　　　　　9.知人の勧め　　　10.先生の指定教材として
11.その他(　　　　　　　　　　　　　　　　　　　　　　　　　　)

ご協力ありがとうございました。

●小社新刊案内（無料）を希望する。　　□郵送希望　□メール希望　□希望しない
●お客様のご意見・ご感想を新聞・雑誌広告・小社ホームページ等で掲載してもよい。
　　　　　　　　　　　　　　□実名で　　□匿名（性別・年齢のみ）で

http://www.jresearch.co.jp

英語の耳づくりエクササイズ 75

I think we ought to

意味 〜すべきだと思う

実際はこう聞こえる ➡ **[I] thin·we·outa**

Listen carefully!

CD 45 （ゆっくり）▶（ナチュラル）

☆1 私たちはナイロビに行くべきだと思います。
I think we ought to go to Nairobi.
[I] thin·we·outa

☆2 私たちは彼女の家に迎えに行くべきだと思います。
I think we ought to go to her house and pick her up.
[I] thin·we·outa

☆3 私たちは今すぐ病院に行くべきだと思う。
I think we ought to go to the hospital right this minute.
[I] thin·we·outa

☆4 私たちは春にロンドンに行くべきだと思います。
I think we ought to go to London in the springtime.
[I] thin·we·outa

☆5 私たちは招待されたら行くべきだと思います。
I think we ought to go only if we're invited.
[I] thin·we·outa

リスニング UP のポイント

think の k は聞こえません。その直後の we も弱い音で、続く ought の ou がシャープに強く聞こえます。最後の to との接続は早口の場合 ta くらいにしか聞こえません。

Lesson 7

英語の耳づくりエクササイズ 76

almost sure that that's her

意味 それが彼女だとほぼ確信している

実際はこう聞こえる ➡ **oh mous shur・thatha・tsu'er**

Listen carefully!

CD 46
（ゆっくり）▶（ナチュラル）

1. 彼はそれが彼女だとほとんど確信しています。

   He is almost sure that that's her.
   oh mous shur・thatha・tsu'er

2. 彼女だとほぼ確信してるけど、言う前に彼女が近づくのを私は待ちます。

   I am almost sure that that's her, but I'll wait until she's
   oh mous shur・thatha・tsu'er
   closer before speaking up.

3. 僕たちは彼女だとほとんど確信しています。少しお待ち下さい。

   We are almost sure that that's her. Just a minute, please.
   oh mous shur・thatha・tsu'er

4. ほぼそれは彼女だろうが、もう一度確かめます。

   I'm almost sure that that's her, but let me take another look.
   oh mous shur・thatha・tsu'er

5. 彼女とみて間違いないでしょう。我々は彼女に接触すべきですか?

   I'm almost sure that that's her. Should we approach her?
   oh mous shur・thatha・tsu'er

リスニング UP のポイント

sure (確信している) の音をキャッチできるかがポイントです。almost が oh mous としか聞こえませんので、続く sure を別の語と取り違えないように気をつけたいところです。また、連続する that にも要注意。とくに2つ目の that's は her と連結するので、tha・tsu'er と複雑な聞こえ方をします。

110

ダイアローグ

At the airport

Man : I hope her plane has not landed yet.
Woman : I know. Let's check the flight information board.
Man : Yeah. Do you remember her flight number?
Woman : Forty-eight, but I'm not sure if it was Skywest or United Airlines.
Man : Is that her, the one wearing the red skirt and pink high heels?
Woman : No, Alice dresses more boyish. She's probably wearing jeans and an old T-shirt.
Man : Quiet! They are announcing something over the loudspeaker about flight Forty-eight.
Woman : It seems her flight has been delayed. How about some coffee and a bite to eat over there?
Man : That sounds good, let's do that.
Woman : What are you going to be saying to her when you first see her?
Man : I am not sure. I haven't seen her in more than twenty years, you know.

[After some time]

Woman : I think we ought to go to the gate again.
Man : You're right. Oh, I am almost sure that that's her, in that floral dress!
Woman : She's quite feminine!

ダイアローグ

空港で

男性：彼女の飛行機がまだ着陸してないことを願うよ。

女性：そうだね。フライトの情報掲示板を確認しましょう。

男性：ああ。彼女のフライト・ナンバーを覚えているかい？

女性：48よ。でもそれがスカイウエストだったかユナイテッド航空だったかは定かではないわ。

男性：赤いスカートにピンクのハイヒール、あの女性？

女性：いいえ、アリスはもっとボーイッシュよ。たぶんジーンズと古いTシャツを着てるって。

男性：静かに！ 48便についてのアナウンスだ。

女性：彼女の飛行機は遅れているみたいね。ちょっとあっちでコーヒーと軽い食事はどう？

男性：それはいいね、そうしよう。

女性：彼女に最初に会ったとき、あなた彼女に何て言うつもり？

男性：わからないよ。20年以上彼女には会ってないんだ。知っているだろう。

［しばらくして］

女性：そろそろまたゲートのほうに行くべきじゃない。

男性：そうだね。あっ、彼女だ。ほぼ間違いない。花のドレスを着てる子！

女性：彼女ったら、すごく女らしい格好じゃないの！

Lesson 8

once in a while

Okay, is that all then

What sort of

What I'm looking for

What else

Just name a few

paid a lot of attention

picked it up

let it bother

print them right away

it's supposed to

Let me lend you a hand

stop by to take a look

英語の耳づくりエクササイズ 77

once in a while

意味: たまに

実際はこう聞こえる ➡ **wunz·ina[while]**

Listen carefully!

①私はたまにしかコーヒーを飲みません。
I drink coffee only once in a while.
　　　　　　　　　wunz·ina[while]

②私はたまにモールに買い物に行きます。
I go to the mall once in a while.
　　　　　　　　wunz·ina[while]

③ときおり彼女は笑顔を見せてくれます。
Every once in a while I see her smile.
　　　wunz·ina[while]

④今はたまにしか旅行をしません。
Only once in a while do I travel anymore.
　　　wunz·ina[while]

⑤たまに私はスーツを着ます。
Once in a while I'll wear a suit.
wunz·ina[while]

リスニングUPのポイント

聞き慣れておけば、すぐにキャッチできるようになる会話必須のイディオムです。only once in a while（たまに）、every once in a while I see（会うたびに）など応用表現になった場合の聞こえ方も上の例文でチェックしておきましょう。

英語の耳づくりエクササイズ 78

Okay, is that all then

意味: OK、これでおわり？

実際はこう聞こえる ➡ **ok, iza·tall [then]**

Listen carefully!

CD 48 （ゆっくり▶ナチュラル）

1. OK、終わった？ 帰ろう。
   Okay, is that all then? Let's go home.
   ok, iza·tall [then]

2. OK、できましたか？ 2、3の質問をしますよ。
   Okay, is that all then? I'd like to ask a few questions.
   ok, iza·tall [then]

3. OK、そろったかな？ では行きましょう。
   Okay, is that all then? We're ready to go.
   ok, iza·tall [then]

4. OK、できた？ はい、できました。
   Okay, is that all then? Yes, we're done.
   ok, iza·tall [then]

5. OK、これで全部？ いや、もう一つあります。
   Okay, is that all then? Not quite, there's one more thing.
   ok, iza·tall [then]

リスニング UP のポイント

OK はたまに 'kay としか聞こえないことがありますので注意してください。is that は iza、さらに that と all がリエゾンして is that all は iza·tall と聞こえます。

Lesson 8

英語の耳づくり エクササイズ 79

What sort of

意味
どんな〜

実際はこう聞こえる ➡ **Wa・sorda**

Listen carefully!

① どんなサラダ？ シーザーサラダです。
What sort of salad? Caesar salad.
Wa・sorda

② どんな本が読みたいですか？
What sort of books do you want to read?
Wa・sorda

③ どんな種類の花が好きですか？
What sort of flowers do you like?
Wa・sorda

④ どんな仕事をしていますか？
What sort of work do you do?
Wa・sorda

⑤ どういった感じの男なの？
What sort of a man is he?
Wa・sorda

リスニング UP のポイント

What の語尾 t は飲み込まれ、sort of はリエゾンして sorda と聞こえます。What kind of と同じ意味ですが、kind のほうが少し丁寧な感じがあり、つまり sort のほうはくだけた間柄での会話でよく使われます。

英語の耳づくりエクササイズ 80

What I'm looking for

意味: 探しているものは

実際はこう聞こえる ➡ **Wadaim・lookin・fer**

Listen carefully!

CD 49 (ゆっくり ▶ ナチュラル)

1. 私が探しているのは何か安いものです。
   What I'm looking for is something cheap.
   Wadaim・lookin・fer

2. 私が探しているのは新鮮な果物です。
   What I'm looking for is some fresh fruit.
   Wadaim・lookin・fer

3. 私が探しているのは特別なジーンズを作ってくれる人です。
   What I'm looking for is somebody to make me a
   Wadaim・lookin・fer
   special pair of jeans.

4. 私が求めているのはお腹がいっぱいになる食事です。
   What I'm looking for is a meal that is filling.
   Wadaim・lookin・fer

5. 私が探しているのは静かに仕事のできる場所です。
   What I'm looking for is a quiet place to work.
   Wadaim・lookin・fer

リスニング UP のポイント

what の t が続く母音とリエゾンし、d の音に聞こえるパターンです。looking の g はリダクション、for は fer と聞こえます。

Lesson 8

英語の耳づくり エクササイズ 81

What else

意味: 何か他に

実際はこう聞こえる ➡ **Wadelz**

Listen carefully!

1. 他に何が欲しいですか？
   What else do you want?
   Wadelz

2. 昨日、他に何を食べましたか。
   What else did you eat yesterday?
   Wadelz

3. その他にポケットに何が入っていますか？
   What else do you have in your pocket?
   Wadelz

4. 他にはどんなことを学ばなければいけなかったの？
   What else did you have to learn?
   Wadelz

5. かわいそうなウェンディ、他に何ができたというのでしょう？
   What else could poor Wendy do?
   Wadelz

リスニング UP のポイント

前ページと同じく what の t の音の変化です。else の母音 e とつながり、wadelz と t は d の音に聞こえます。

英語の耳づくりエクササイズ 82

Just name a few

意味
2、3 〜を挙げて

実際はこう聞こえる → **jus nayma [few]**

Listen carefully!

① 人々が必要とするものをいくつか挙げてください。
   Just name a few things that people need.
   jus nayma [few]

② あなたが失くしたという腕時計の特徴を2、3挙げてください。
   Just name a few characteristics of the watch you claim
   jus nayma [few]
   to have lost.

③ 履歴書に2、3人推薦人の名前を挙げればいいのです。
   Just name a few references on your resume.
   jus nayma [few]

④ 2、3ブランド名を挙げてください。それで彼らは合点いきます。
   Just name a few brands and they will understand.
   jus nayma [few]

⑤ 2、3場所を挙げてくだされば、旅行代理店があなたに提案します。
   Just name a few places and the travel agency will give
   jus nayma [few]
   you suggestions.

リスニングUPのポイント

nameといえば「名前」という意味が思い浮かびますが、ここでは動詞の意味「〜を挙げる」で使われています。最初のJustがJusとシャープに発音されるのに慣れてください。nameはaと連結し、naymaです。

Lesson 8

英語の耳づくりエクササイズ 83

paid a lot of attention

意味 最大限注意を払う

実際はこう聞こえる ➡ **payd 'lota tenshon**

Listen carefully!

CD 51

① 彼は原稿を完ぺきにすることに最大限注意を払いました。

He paid a lot of attention to getting the manuscript perfect.
　　payd 'lota tenshon

② 私はどの学生にも親切に対応しました。

I paid a lot of attention to each and every student.
　payd 'lota tenshon

③ 彼らの両親は子供たちをたくさんかまいました。

Their parents paid a lot of attention to their children.
　　　　　　　payd 'lota tenshon

④ 接客係は大きいチップを残すあの客にはとてもよくサービスをしました。

The server paid a lot of attention to the big tipper.
　　　　　payd 'lota tenshon

⑤ 日本の職人は細部にわたる細心の注意を払いました。

The Japanese artisans paid a lot of attention to the details.
　　　　　　　　　　　payd 'lota tenshon

リスニング UP のポイント

a lot of が聞き取れるかがポイントです。paid の破裂音 d によって、直後の a は飲み込まれ音が聞こえなくなり、一瞬の間が空きます。その後に lot of が lota、of が attention の冒頭とくっつき、lota tenshon と聞こえます。

英語の耳づくりエクササイズ 84

picked it up

意味
それを拾った

実際はこう聞こえる ➡ **pik·ti·dup**

Listen carefully!

CD 51
ゆっくり ▶ ナチュラル

1. 風邪ひいちゃった。昨日、うつったんだな。
   I have the flu. I must have picked it up yesterday.
   　　　　　　　　　　　　　　　pik·ti·dup

2. どこでその箪笥(たんす)を手に入れた？ フリーマーケットでゲットしたんだ。
   Where did you get that chest of drawers?
   I picked it up at the flea market.
   　pik·ti·dup

3. おもちゃ拾った？ うん、ママ。拾ったよ。
   Did you pick up your toy? Yes, Mommy. I picked it up.
   　　　　　　　　　　　　　　　　　　　　　pik·ti·dup

4. セーター？ もちろんクリーニング店で君のために引き上げてきたのさ。
   The sweater? Of course I picked it up for you at the dry
   　　　　　　　　　　　　　　pik·ti·dup
   cleaners.

5. 新聞？ いつものように彼女は買いましたよ。
   The newspaper? She picked it up as usual.
   　　　　　　　　　　pik·ti·dup

リスニング UP のポイント

現在形の音は知っていても、過去形になった途端、耳になじみがなくなる音の組み合わせがあります。picked は続く it とくっつきますが、もし piki と聞こえたら pick it の現在形。しかしここでは pik のあとに一瞬音を飲み込む間があり、pik·ti と聞こえます。この小さな差で現在と過去のどちらかを察知できます。it の t は d の音に変化するパターンです。

Lesson 8

英語の耳づくりエクササイズ 85

let it bother

意味
邪魔する

実際はこう聞こえる ➡ **ledi [bother]**

Listen carefully!

CD 52
ゆっくり ▶ ナチュラル

① 気にしないでください。
Don't let it bother you.
　　　 ledi [bother]

② そんなの重要じゃないよ。あなたはそのことで悩むべきじゃない。
It's not important. You shouldn't let it bother you.
　　　　　　　　　　　　　　　　　　　 ledi [bother]

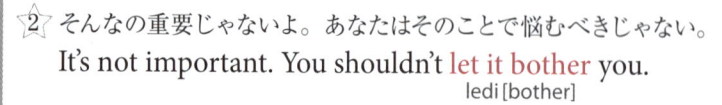

③ いろんな人がいるものよ。だから悩むべきじゃない。
There are all sorts of people so you shouldn't let it bother you.
　　　　　　　　　　　　　　　　　　　　　　　 ledi [bother]

④ 正直に言うと、あなたはそのことで悩むべきではない。
Honestly, you shouldn't let it bother you.
　　　　　　　　　　　　 ledi [bother]

⑤ ぜんぜん重要じゃないし、ほんとに悩むことじゃないんだって。
It just doesn't matter and you really shouldn't let it bother you.
　　　　　　　　　　　　　　　　　　　　　　　　 ledi [bother]

リスニングUPのポイント

let の語尾 t も母音と結びつくとき d の音に変化します。ここでは it と結びつき、ledi または ledit（きわめて語尾 t は小さく）と聞こえます。

英語の耳づくりエクササイズ 86

print them right away

実際はこう聞こえる ➡ **prin・'em・raidaway**

意味：それらをすぐ印刷する

Listen carefully!

⭐1 彼らは我々のためにすぐに印刷すると言った。
They said that they would print them right away for us.
  prin・'em・raidaway

⭐2 それらをすぐに印刷できると思う？
Do you think you can print them right away?
  prin・'em・raidaway

⭐3 すぐに印刷してくれたら問題ありません。
Print them right away and it won't be a problem.
  prin・'em・raidaway

⭐4 彼女はすぐに印刷した？それともしばらく待った？
Did she print them right away, or did she wait a while?
  prin・'em・raidaway

⭐5 すぐに印刷するのを忘れるなよ。
Remember to print them right away.
  prin・'em・raidaway

リスニングUPのポイント

オフィスでよく使う表現です。print them は prin・'em と短く聞こえます。right away も raidaway とシャープに聞こえます。127ページの【ダイアローグ】では print it で紹介していますので、チェックしてください。

Lesson 8　123

英語の耳づくりエクササイズ 87

it's supposed to

実際はこう聞こえる ➡ **[it's] suppouz・ta**

意味：〜になるはずだ、〜のはずだ

Listen carefully!

1. 曇りのはずだよ。
   It's supposed to be cloudy.
   [it's] suppouz・ta

2. 今日は雨になるでしょう。
   It's supposed to rain today.
   [it's] suppouz・ta

3. 速達便で送って頂いたはずですが、まだ届きません。
   It's supposed to have been sent by express mail, but it
   [it's] suppouz・ta
   hasn't delivered yet.

4. 時速約 500 キロで走行することになっています。
   It's supposed to run at a speed of around 500 kilometers
   [it's] suppouz・ta
   per hour.

5. いつまでも使えるらしいよ。
   It's supposed to last forever.
   [it's] suppouz・ta

リスニング UP のポイント

実践英会話になるとしょっちゅう出てくるのが be supposed to（〜することになっている）という表現。ネイティブのスピードでは suppouz・ta と速く言われますので、聞き逃さないように練習しておきましょう。

英語の耳づくり エクササイズ 88

Let me lend you a hand

意味 手を貸す

実際はこう聞こえる ➡ **lemme・lenyu・ahan**

Listen carefully!

① 重そうだね。手伝わせてください。
That looks heavy. Let me lend you a hand.
　　　　　　　　　 lemme・lenyu・ahan

② それは大きいね！ 手伝わせてください。
That's bulky! Let me lend you a hand.
　　　　　　　 lemme・lenyu・ahan

③ 足を折ったのかい？ 手を貸すよ。
You broke your leg? Let me lend you a hand.
　　　　　　　　　　 lemme・lenyu・ahan

④ 膨大な仕事にアップアップしてるね。手伝うよ。
You looked overwhelmed with all that work.
Let me lend you a hand.
lemme・lenyu・ahan

⑤ あなたは明らかに忙しすぎるので、手伝わせてください。
Let me lend you a hand because you're obviously too
lemme・lenyu・ahan
busy to do it yourself.

リスニング UP のポイント

let の t は落音し、短く lemme と聞こえます。また、lend you は lenju とのごった音で聞こえる場合もありますが、ネイティブの早口レベルにギアが上がると lenyu としか聞こえません。hand の語尾 d も飲み込まれます。

Lesson 8

英語の耳づくりエクササイズ 89

stop by to take a look

意味 立ち寄って見る

実際はこう聞こえる ➡ **sto(p) baita・tayka・lu'**

Listen carefully!

1. 帰り道に立ち寄って風船を見ようよ。
   Let's stop by to take a look at balloons on the way home.
   sto(p) baita・tayka・lu'

2. 新しい動物園のホッキョク・グマをちょっと見に行くってどう？
   How about we stop by to take a look at the polar bear at the new zoo?
   sto(p) baita・tayka・lu'

3. 新しいメニューに何があるか、ちょっと立ち寄ってみましょうよ。
   Let's stop by to take a look at what they have on their new menu.
   sto(p) baita・tayka・lu'

4. 人々は一目見ようと立ち寄るから、見物渋滞です。
   People stop by to take a look, that's why the traffic is so slow.
   sto(p) baita・tayka・lu'

5. そのセールスマンは私たちに立ち寄るよう言った。
   The salesman insisted we stop by to take a look.
   sto(p) baita・tayka・lu'

リスニング UP のポイント

stop は「ストップ」とは聞こえません。破裂音 p は音にならず、sto(p) という感じです。take a look は tayka・lu'。look の k もやはり飲み込まれます。

> ダイアローグ

Birthday party shopping

Wife: It's nice to once in a while go shopping with you like this.

Husband: Okay, is that all then? Carrots, celery, potato, chicken… How about a salad?

Wife: What sort of salad?

Husband: What I'm looking for is something green and leafy. What else do you want?

Wife: Let's get some sweets. Just name a few things you'd like.

Husband: It looks like the pastry chef paid a lot of attention to decorating this cake.

Wife: It's beautiful. Jennifer made a birthday cake and Josh picked it up this morning.

Husband: So we don't need a cake, I see. Let's get some donuts.

Wife: There are trans fats in donuts.

Husband: You shouldn't let it bother you. Everything in moderation is fine.

Wife: OK. Did you make the birthday card?

Husband: Yes, I'll print it right away when we get home.

Wife: Do you think the weather will hold up?

Husband: It's supposed to be cloudy. Let me lend you a hand with the groceries.

Wife: Thanks.

Husband: Let's stop by to take a look at balloons on the way home.

Wife: Good idea!

> **ダイアローグ**

誕生日パーティの買い物

妻：時々こんなふうにあなたと買い物ができると嬉しいわ。

夫：オーケー、それで全部かい？ニンジン、セロリ、ジャガイモ、チキン…サラダは？

妻：どんなサラダ？

夫：僕が探しているのは緑の葉っぱの多いやつさ。君はほかに何が欲しい？

妻：お菓子をいくつか買っておきましょう。いくつか欲しいお菓子を挙げてみて。

夫：このケーキはパティシエが飾りにとても注意を向けたようだね。

妻：美しいわ。ジェニファーがバースデー・ケーキを作って、ジョシュが今朝それをとりに行ったの。

夫：だったらケーキは必要じゃないね、了解。ドーナツをいくつか買おう。

妻：ドーナツにはトランス脂肪酸が入ってるわよ。

夫：そんなに気にすることじゃないよ。ほどよい量にすれば大丈夫だ。

妻：そうね。バースデー・カードは作った？

夫：ああ。家に帰ったらすぐに印刷するつもりさ。

妻：天気はもってくれるかしら？

夫：曇りになるらしいよ。食料品を持つのを手伝うよ。

妻：ありがとう。

夫：帰り道に立ち寄って風船を見よう。

妻：いいわね！

Lesson 9

take a ride on
take another look at
There must be some
throughout the world
turned out to be
Were you able to figure out
what am I doing
What did you say
on our way
What do I have to do
we haven't met
What an honor to
the first half of the week
I'm sorry to hear that
What do you think of
stay in touch
what day and time
meet at the

英語の耳づくりエクササイズ 90

take a ride on

意味
乗る

実際はこう聞こえる ➡ **tayka・raidon**

Listen carefully!

① 新しいジェットコースターに乗らなくちゃ。
We have to take a ride on the new roller coaster.
tayka・raidon

② メリーゴーランドに乗ろうよ。
Let's take a ride on the merry-go-around.
tayka・raidon

③ 僕はモノレールにはじめて乗るんだ。
I will take a ride on the monorail for the very first time.
tayka・raidon

④ 馬に乗るのってどう？
How about we take a ride on horseback?
tayka・raidon

⑤ ナパ・バレーのワイン列車に乗らなければ。
We must take a ride on the Wine Train in Napa Valley.
tayka・raidon

リスニングUPのポイント

「乗る」だけなら ride on でよさそうなものですが、take a を付けることで、乗るという体験を"得よう"という意気込みが含まれます。take a は tayka、ride on は raidon と聞こえます。

英語の耳づくりエクササイズ 91

take another look at

意味: もう一度見る

実際はこう聞こえる ➡ **tayka・nother・luk・a(t)**

Listen carefully!

CD 56 (ゆっくり▶ナチュラル)

☆1 それを買うか決める前にもう一度見せてもらえますか？
May I take another look at it before I decide to buy it or not?
tayka・nother・luk・a(t)

☆2 私は彼らにその計画を見直すようアドバイスしました。
I advised them to take another look at those plans.
tayka・nother・luk・a(t)

☆3 まず最初にもう一度診察することをおすすめします。
I suggest you take another look at it first.
tayka・nother・luk・a(t)

☆4 その医者はX線の診察をもう一度やりたがっている。
The doctor wanted to take another look at the X-rays.
tayka・nother・luk・a(t)

☆5 その絵をもう一度見なければならない。
I have to take another look at the painting.
tayka・nother・luk・a(t)

リスニングUPのポイント

take another が tayka・nother と1語のような速さで聞こえます。でもこうした聞こえ方をあらかじめ知っておけば、もう大丈夫。look at も luka とシャープな音になるので繰り返しCDを聞いてください。

Lesson 9

英語の耳づくり エクササイズ 92

There must be some

意味: 〜に違いない

実際はこう聞こえる ➡ ther・musbe [some]

Listen carefully!

1. 他にも方法があるに違いない。
   There must be some other way.
   ther・musbe [some]

2. 誰か他に私たちのためにやってくれる人がいるはずだ。
   There must be somebody else to do it for us.
   ther・musbe [some]

3. 何か間違いがあるに違いない。
   There must be some kind of mistake.
   ther・musbe [some]

4. いくらか残っているに違いない。
   There must be some left.
   ther・musbe [some]

5. グループにはベジタリアンが何人かいるに違いない。
   There must be some vegetarians in the group.
   ther・musbe [some]

リスニングUPのポイント

There is や There are には慣れたけど、There must be となるとちょっと難度が上がりますね。must の t はほとんど聞こえず、次の be と連結して musbe で耳になじませてください。

英語の耳づくりエクササイズ 93

throughout the world

意味: 世界中の

実際はこう聞こえる ➡ **thru・ou [the] wer・oh**

Listen carefully!

CD 57 （ゆっくり）▶（ナチュラル）

① 世界中の人々が恋に落ち、結婚します。
People throughout the world fall in love and get married.
　　　 thru・ou [the] wer・oh

② 詐欺師は世界中にいます。
Impostors exist throughout the world.
　　　　　　　　 thru・ou [the] wer・oh

③ 世界中の学者が集まる予定です。
Scholars from throughout the world will attend.
　　　　　　　 thru・ou [the] wer・oh

④ 私たちは世界中の工場をチェックします。
We will check our factories throughout the world.
　　　　　　　　　　　　　 thru・ou [the] wer・oh

⑤ それは世界中に流通しています。
It's distributed throughout the world.
　　　　　　　　 thru・ou [the] wer・oh

リスニング UP のポイント

throughout の発音が難しい上にネイティブのスピードだと非常に聞き取りづらいでしょう。何度も繰り返し聞いて慣れましょう。world の語尾は飲み込まれるように音が聞こえません。

Lesson 9

英語の耳づくりエクササイズ 94

turned out to be

実際はこう聞こえる ➡ **turn・dautabee**

意味：明るみになる、結果となった

Listen carefully!

1. その噂は本当のことだと分かりました。
   The rumor turned out to be true.
   turn・dautabee

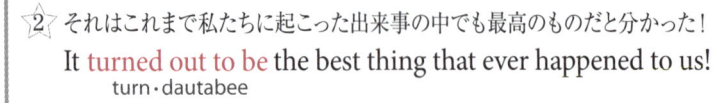

2. それはこれまで私たちに起こった出来事の中でも最高のものだと分かった！
   It turned out to be the best thing that ever happened to us!
   turn・dautabee

3. 彼の提案が素晴らしいことが分かりました。
   His suggestion turned out to be fantastic.
   turn・dautabee

4. 濃いコーヒーが眠さを解決することが分かりました！
   Strong coffee turned out to be the solution for sleepiness!
   turn・dautabee

5. その報告は結局まちがいでした。
   The report turned out to be false.
   turn・dautabee

リスニング UP のポイント

現在形 turn out であれば tur・nou と聞こえるところですが、これは turn・dau と聞こえますので、そこで過去形だと察知できます。out to be はまるで 1 語のように auta・bee という音になります。

英語の耳づくりエクササイズ 95

Were you able to figure out

意味: 分かった？

実際はこう聞こえる ➡ **werya・eibulta・figerou**

Listen carefully!

CD 58 ゆっくり ▶ ナチュラル

☆1 新しいコンピュータのセットアップのしかたは分かりましたか？

Were you able to figure out how to set up your new computer?
werya・eibulta・figerou

☆2 ここからバンクーバーに着くための最もよい方法が分かりましたか？

Were you able to figure out how best to get to Vancouver from here?
werya・eibulta・figerou

☆3 どうやったら値段をまけてもらえるか分かった？

Were you able to figure out how to get a better price?
werya・eibulta・figerou

☆4 ノブが回らない理由が分かった？

Were you able to figure out why the knob wouldn't turn?
werya・eibulta・figerou

☆5 そのパズルを解けましたか？

Were you able to figure out the puzzle?
werya・eibulta・figerou

リスニング UP のポイント

一度聞き取れるようになるとラクなのですが、最初は難しいでしょう。figure out は、調べたり探索した結果、何かが「分かった」というときに使われる表現です。リエゾンして figerou と聞こえます。

Lesson 9

英語の耳づくりエクササイズ 96

what am I doing

意味: 何をしようとしている

実際はこう聞こえる ➡ **wadamai・doin**

Listen carefully!

① 僕はここで何をしているんだ？
What am I doing here?
wadamai・doin

② 万事心得ています。
I know **what I am doing**.
wadamai・doin

③ どこを間違えているのでしょう？
What am I doing wrong?
wadamai・doin

④ 大阪まで行って何をしているのだろう！
What am I doing traveling all the way to Osaka!
wadamai・doin

⑤ 今夜は何をしようかな？
What am I doing tonight?
wadamai・doin

リスニング UP のポイント

what の t が続く am の母音 a とくっつき、d の音に聞こえるパターンです。am I も amai とくっつきます。doing の語尾 g は飲み込まれ、聞こえません。

英語の耳づくりエクササイズ 97

What did you say

意味
なんて言った?

実際はこう聞こえる ➡ **Wadiju [say]**

Listen carefully!

CD 59
(ゆっくり)▶(ナチュラル)

☆1 なんですって? 金を貸せですって?
What did you say? Lend you money?
Wadiju [say]

☆2 なんだって? あなたの言ったことが聞き取れなかったよ。
What did you say? I couldn't catch what you said.
Wadiju [say]

☆3 あなたはローラに何と言ったのですか?
What did you say to Laura?
Wadiju [say]

☆4 あの日の午後、ウィルソンに何を言ったの?
What did you say to Wilson that afternoon?
Wadiju [say]

☆5 いまあなたは何とおっしゃいましたか?
What did you say just now?
Wadiju [say]

リスニング UP のポイント

what のあとに母音ではなく、did のように子音がくる場合は t は喉の奥に飲み込まれ、音になりません。What は Wa、did you は diju、この3語で Wadiju とシャープに聞こえます。

Lesson 9

英語の耳づくりエクササイズ 98

on our way

意味
〜へ行く途中

実際はこう聞こえる ➡ **onour [way]**

Listen carefully!

☆1 私たちはロサンゼルスへ行く途中です。
We are on our way to Los Angeles.
　　　　onour [way]

☆2 クルマがそこへ行く途中で故障したんです。
Our car broke down on our way there.
　　　　　　　　　　　　onour [way]

☆3 私たちは途中でガソリンが切れてしまったんです。
We ran out of gas on our way there.
　　　　　　　　　onour [way]

☆4 僕たち電話を受けたらすぐに出るつもりだよ。
We'll be on our way as soon as we get the phone call.
　　　　onour [way]

☆5 心配しないで。もうすぐ行きますから。
Don't worry we'll be on our way before long.
　　　　　　　　　onour [way]

リスニング UP のポイント

on の前にある語によってもずいぶんと聞こえ方が変わってくるフレーズです。例文2の場合 down on は downon とリエゾンし、続く our にもくっつくから downonour と3語が1語に聞こえます。

英語の耳づくりエクササイズ 99

What do I have to do

意味: 何をしなければならない

実際はこう聞こえる ➡ **waduai・hafta[do]**

Listen carefully!

CD 60
（ゆっくり）▶（ナチュラル）

☆1 私は次に何をしなければなりませんか？
What do I have to do next?
waduai・hafta[do]

☆2 ボールをとったらどうすればいいの？
What do I have to do after I catch the ball?
waduai・hafta[do]

☆3 私はこの図で何をしなければなりませんか？
What do I have to do with this chart?
waduai・hafta[do]

☆4 あなたの気を引くために私は何をしなければなりませんか？
What do I have to do to get your attention?
waduai・hafta[do]

☆5 これを直すために何をしなければなりませんか？
What do I have to do to fix this?
waduai・hafta[do]

リスニング UP のポイント

what の次は do の子音なので、この t は落音し wa。what do I は waduai と短くシャープに聞こえます。have to は hafta という聞こえ方に慣れてください。

Lesson 9　139

エクササイズ 100

we haven't met

意味 会ったことがない

実際はこう聞こえる ➡ **[we] havn・me(t)**

Listen carefully!

⭐1 はじめて、ですよね？ 私はマイクです。
We haven't met, have we? I'm Mike.
[we] havn・me(t)

⭐2 お会いしたことないのは確かです。
I'm sure that **we haven't met** before.
[we] havn・me(t)

⭐3 ええ、はじめてです。
No, **we haven't met** yet.
[we] havn・me(t)

⭐4 こういう状況では私たちは会ってないですね。
We haven't met in these circumstances before.
[we] havn・me(t)

⭐5 そうは思いません。ええ会っていません。
I don't think so. No, **we haven't met**.
[we] havn・me(t)

リスニング UP のポイント

初対面の挨拶でよく使われる表現です。have not の短縮した haven't の聞こえ方はたいてい havn です。met も語尾 t がほとんど音になりませんので耳になじませてください。

英語の耳づくりエクササイズ 101

What an honor to

意味
なんと名誉な

実際はこう聞こえる ➡ **wada·ah·nerda**

Listen carefully!

⭐1 このように報いてもらえるとは、なんと名誉なこと。
What an honor to be rewarded like this.
wada·ah·nerda

⭐2 ついにあなたと会えるとは、なんて光栄なの！
What an honor to finally meet you!
wada·ah·nerda

⭐3 兵役を務めることはたいへん名誉なことです。
What an honor to serve in the military.
wada·ah·nerda

⭐4 今宵ここにいられることがなんと名誉なことでしょう。
What an honor to be here tonight.
wada·ah·nerda

⭐5 ここで皆さんとお話できるとは、なんと名誉なのことでしょう。
What an honor to speak to everyone here.
wada·ah·nerda

リスニング UP のポイント

一度聞き慣れるとラクなのですが、練習しておかないと聞き取れないフレーズです。まず honor の頭の h はそもそも発音しませんのでご注意を。冠詞の an がつくと ah·ner と聞こえます。

Lesson 9

英語の耳づくりエクササイズ 102

the first half of the week

意味: 週の前半

実際はこう聞こえる ➡ [the] firs・hafa [the] wee(k)

Listen carefully!

① その週の前半はミラノの予定です。
I will be in Milan the first half of the week.
[the] firs・hafa [the] wee(k)

② 週の前半は得意先を訪ねて回ります。
I will be visiting some important clients during the first half of the week.
[the] firs・hafa [the] wee(k)

③ サッカーの試合が週の前半に連続してあります。
The football matches continue the first half of the week.
[the] firs・hafa [the] wee(k)

④ その品物は今週前半に届く予定です。
That product will arrive in the first half of this week.
[the] firs・hafa [the] wee(k)

⑤ 私はそのシャツを週の前半に着ました。
I wore that shirt the first half of the week.
[the] firs・hafa [the] wee(k)

リスニングUPのポイント

first = ファーストではなく、たいていtが落音しfirs（ファース）となります。half of the week は中央のofに音のストレスは決してかかりませんので、hafa [the] wee くらいの聞こえ方になります。

英語の耳づくりエクササイズ 103

I'm sorry to hear that

意味: お気の毒に

実際はこう聞こえる ➡ [I'm sorry] ta・(h)eertha

Listen carefully!

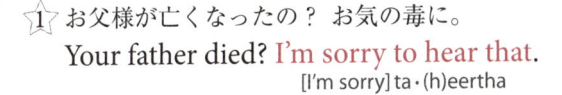

CD 62 （ゆっくり▶ナチュラル）

① お父様が亡くなったの？ お気の毒に。
Your father died? I'm sorry to hear that.
　　　　　　　　　[I'm sorry] ta・(h)eertha

② 試験に落ちたの。残念ね。
You didn't pass the test? I'm sorry to hear that.
　　　　　　　　　　　　　[I'm sorry] ta・(h)eertha

③ ハネムーンがキャンセルだって？ お気の毒に。
The honeymoon was canceled? I'm sorry to hear that.
　　　　　　　　　　　　　　　　[I'm sorry] ta・(h)eertha

④ 今年はボーナスがでないの？残念だね。
No bonuses this year? I'm sorry to hear that.
　　　　　　　　　　　　[I'm sorry] ta・(h)eertha

⑤ 弊社のサービスにご満足いただけず、大変申し訳ございません。
I am sorry to hear that you were not happy with our
[I'm sorry] ta・(h)eertha
services.

リスニングUPのポイント

「それを聞いてすまなく思う」という意味から、「お気の毒に」「残念です」と言う場面でよく使われます。hearのhがほとんど聞こえませんので知っておきましょう。

Lesson 9

英語の耳づくりエクササイズ 104

What do you think of

意味 どう思う？

実際はこう聞こえる → **wadaya・thinkov**

Listen carefully!

①　彼女をどう思いますか？
What do you think of her?
wadaya・thinkov

②　あっちのテーブルに移るのってどう思う？
What do you think of going to that table over there?
wadaya・thinkov

③　彼と仲直りするのってどう思う？
What do you think of making up with him?
wadaya・thinkov

④　コンタクトレンズってどうだろうね？
What do you think of contact lenses?
wadaya・thinkov

⑤　諦めることをどう思いますか？
What do you think of giving up?
wadaya・thinkov

リスニング UP のポイント

what do you は wadaya、think of は thinkov と聞こえます。

stay in touch

英語の耳づくりエクササイズ 105

意味 連絡を取り合う

実際はこう聞こえる ➡ **stayin [touch]**

Listen carefully!

① 連絡を取り合ってください。
Please do stay in touch.
 stayin [touch]

② 電子メールで連絡を取り合いましょう。
Let's stay in touch via email.
 stayin [touch]

③ フェイスブックでみんな連絡を取り合うでしょう。
Everyone will stay in touch by Facebook.
 stayin [touch]

④ 連絡するのを覚えておいてね、OK？
Remember to stay in touch, OK?
 stayin [touch]

⑤ ありがとう。あなたと連絡が取り合えて嬉しいです。
Thank you. I'm so happy to stay in touch with you.
 stayin [touch]

リスニング UP のポイント

keep in touch と同じ意味で、「連絡をくださいね」と言いたいときに便利な表現です。stay と in がリエゾンして stayin と聞こえます。

Lesson 9

英語の耳づくりエクササイズ 106

what day and time

意味 日時

実際はこう聞こえる ➡ **wa・dayin [time]**

Listen carefully!

① 夕食？ いつ？ 何時？
Dinner? What day and time?
wa・dayin [time]

② レセプションの日時はいつですか？
What day and time for the reception?
wa・dayin [time]

③ あなたの都合のよい日時を教えてください。
Tell me what day and time is convenient for you.
wa・dayin [time]

④ 確かではありません。日時は？
I'm not sure. What day and time?
wa・dayin [time]

⑤ 正確な予定がわかる？ 日時は？
Do you know the exact schedule? What day and time?
wa・dayin [time]

リスニングUP のポイント

「日時」という定型表現なので、その分ネイティブは早口になるはずです。what day and の3語が wa・dayin と一気に言われるところをしっかりキャッチしましょう。

英語の耳づくりエクササイズ 107

meet at the

実際はこう聞こえる ➡ **meetat [the]**

意味 〜で会う

Listen carefully!

☆1 6時ごろ地下鉄駅で会いましょう。
Let's meet at the subway station around six o'clock.
　　　meetat [the]

☆2 彼らは渋谷のハチ公前で待ち合わせをしました。
They arranged to meet at Hachiko in Shibuya.
　　　　　　　　　　meetat

☆3 もう一度東京タワーの下で会いますか？
Will we meet at the foot of Tokyo Tower again?
　　　　meetat [the]

☆4 あと30分したらみんなバス停で集合よ。
Everyone will meet at the bus stop in half an hour.
　　　　　　　meetat [the]

☆5 ではそのときに自動車のディーラーで会いましょう。
We can meet at the car dealer then.
　　　　meetat [the]

リスニングUPのポイント

破裂音tが連続する語の並びで、とてもよくあるパターンなので練習しておきましょう。meet at the は mee・ta・ta と聞こえます。自分で口にするときも、テンポよく言えるようになればかなりの英語上達者です。例文2はtheがない場合です。聞き比べましょう。

Lesson 9

ダイアローグ

Travellers

A : Let's take a ride on the subway.
B : OK, but I don't see our station on this map.
A : Take another look at it.
B : There must be some color-coded key.
A : Yeah, subway maps throughout the world color-code the various subway lines.
B : The subway idea turned out to be more complicated than I thought!
A : Were you able to figure out the map?
B : Not yet. What am I doing wrong?
A : What did you say?
B : Never mind. I got it! Now we'll be on our way.
A : Now, what do I have to do to buy a ticket?
[Figures it out.]
A : By the way, we haven't met, really, have we. My name is Charlie.
B : What an honor to get your name. I'm Linda. Are you here on vacation?
A : The first half of the week was work.
B : 'Sorry to hear that.
A : But the last three days I have all to myself.
B : That's nice. What do you think of Tokyo?
A : I love it! And you?
B : Me too. I'd like to stay in touch with you. Let's do dinner.
A : What day and time?
B : Why don't we meet at the famous sukiyaki restaurant in Ueno tomorrow at six o'clock?

旅行者

A：地下鉄に乗ろう。

B：オーケー。でもこの地図に私たちの駅が見当たらないわ。

A：もう一回見て。

B：色分けになっているはずよ。

A：うん、世界中の地下鉄がカラーコードで図になってるからね。

B：地下鉄を使って行くのって思ったより複雑だったね！

A：地図を読み解けた？

B：まだだ。何がちがうのかなー？

A：何ですって？

B：何でもない。見つけた！もう大丈夫、行けるよ。

A：じゃあ、チケットを買うためには何をしなければならない？

［それを解決する］

A：ところで、僕たちはちゃんと自己紹介してなかったね。僕はチャーリー。

B：名前を教えてくれるなんて光栄よ。私はリンダ。あなたは休暇にここに来たの？

A：今週の前半は仕事だったさ。

B：お気の毒に。

A：でも最後の3日はすべて自分のための時間だよ。

B：それはよかった。東京をどう？

A：気に入ったよ！君は？

B：私も。また会いたいね。夕食に行こうよ。

A：いつ？

B：明日6時に上野の有名なスキヤキ店で会うのはどう？

Coffee Break ⑥

FOODIE

　皆さんはFOODIEという言葉を知っていますか?「グルメな人」という意味です。だからFOODIEはレストランに行くのが大好き。皆さんはFOODIEでしょうか?

　アイスクリームは本物(real)と偽物(fake)で大きく2つに分けることができます。「本物」のアイスクリームとは、一つの例をあげると、たくさんの卵とバニラで作られるフレンチアイスクリームのことです。「偽物」はアイスクリームのように見える冷たいデザートのことです。通常値段が安く、日本でもラクトアイスまたは氷菓として売られます。

　チーズもrealといわゆるfakeで大きく2つに分けることができます。realは、乳清チーズ(モッツァレラ、リコッタなど)、かたいチーズ(パルメザン、ゴーダなど)、かびチーズ(ゴルゴンゾーラ、ブルーチーズなど)、熟成チーズ(ブリエ、カマンベール)。fakeは加工チーズ(プロセスチーズなど)ですね。

　もし皆さんがFOODIEと一緒に食事をするのでしたら、できればラクトアイスやプロセスチーズは避け、realがでてくるお店に行くほうが、彼らを楽しませることができるでしょう。

Lesson 10

what I'm thinking

should have done better

while I was away

what I'm going to say

can't get along well with

while looking over photos

you're talking about

you got to

will start at ten

won't be available until

would that work for

where it is

what you need are

英語の耳づくりエクササイズ 108

what I'm thinking

意味 何を考えているか

実際はこう聞こえる ➡ **wadaim・thinkin**

Listen carefully!

① 僕が何を考えているか当ててみて。
Guess what I'm thinking.
　　　　 wadaim・thinkin

② 君は僕が何を考えているか全くわからない。
You have no idea what I'm thinking.
　　　　　　　　　　 wadaim・thinkin

③ もしあなたが僕の考えていることが分かっているとしたら！
If you only knew what I'm thinking!
　　　　　　　　 wadaim・thinkin

④ 僕が何を考えているか、多分あなたは分かっているのでしょう。
You probably know what I'm thinking.
　　　　　　　　　 wadaim・thinkin

⑤ 思っていることを君に言っていいかい？
Can I tell you what I'm thinking?
　　　　　　　　 wadaim・thinkin

リスニング UP のポイント

what ＋母音の聞き取りを強化しましょう。ここでも what の t の音が I とつながると d に聞こえます。

英語の耳づくりエクササイズ 109

should have done better

意味: もっとよくやるべきだった

実際はこう聞こえる ➡ **shuda'[done] beder**

Listen carefully!

⭐1 こんなこと言いたくないけど、あなたはもっとうまくやるべきだった。
I don't want to say this, but you should have done better.
   shuda' [done] beder

⭐2 もっとうまくやるべきだったことをあなたは理解している。でしょ?
You do understand that you should have done better, right?
   shuda' [done] beder

⭐3 明確です。うまくやるべきだっただけよ。
There's no question about it.
You just should have done better.
   shuda' [done] beder

⭐4 何があったの? もっとうまくやるべきだったのにさ!
What happened? You should have done better!
   shuda' [done] beder

⭐5 あなたはそうすべきだったのよ。
You should have done so.
   shuda' [done]

リスニングUPのポイント

should have のところが shuda' と聞こえます。have の ve が日本人の方が思っているほど強調されないことも押さえておきましょう。better の t も変化の強い音です。beder と聞こえます。例文5は better のないイレギュラーなパターンです。

Lesson10

英語の耳づくりエクササイズ 110

while I was away

意味 留守の間

実際はこう聞こえる ➡ [while I] wazaway

Listen carefully!

① 私が留守の間に何があったのですか？
What happened while I was away?
[while I] wazaway

② 私がいないときに台風がありましたか？
There was a typhoon while I was away?
[while I] wazaway

③ 私が留守の間、妹が犬の世話をしてくれました。
My sister took care of the dog while I was away.
[while I] wazaway

④ 私がいなかった間、誰も水を替えなかった。
While I was away, nobody changed the water.
[while I] wazaway

⑤ 私が留守の間に庭に雑草がはびこりました。
While I was away, the garden got overgrown with weeds.
[while I] wazaway

リスニング UP のポイント

was away の音を捕えることができるかがポイントです。wazaway というリエゾンが起こります。

英語の耳づくり エクササイズ 111

what I'm going to say

実際はこう聞こえる ➡ **wadaim・gona[say]**

意味：言おうとしていること

Listen carefully!

⭐① 私が言おうとしていることはあなたは好まないかもしれない。
You might not like what I'm going to say.
　　　　　　　　　　　wadaim・gona[say]

⭐② 私が言おうとしているのは批判でありません。
What I'm going to say is not a criticism.
wadaim・gona[say]

⭐③ 私が言おうとしていることで、あなたが傷つかないといいけど。
What I'm going to say, I hope won't hurt you.
wadaim・gona[say]

⭐④ 次に言おうとしていることは、長い間私が言いたかったことです。
What I'm going to say next, I've wanted to say for a long time.
wadaim・gona[say]

⭐⑤ みんながびっくりすることを式典で言います。
What I'm going to say at the ceremony will be a surprise.
wadaim・gona[say]

リスニング UP のポイント

what の t が d の音に変化。what I'm は wadaim と聞こえます。さらに gonna と略されることも多い going to は、gona と発音されます。

Lesson10

英語の耳づくりエクササイズ 112

can't get along well with

意味 うまくやっていく

実際はこう聞こえる ➡ **can・gedalon [well with]**

Listen carefully!

①　きっとあなたは上司とうまく付き合っていけない。
I'll bet you can't get along well with your boss.
　　　　　　　can・gedalon [well with]

②　彼とうまくやっていけないなら、君は誰とも働けない！
If you can't get along well with him, you can't work with anybody!
　　　　can・gedalon [well with]

③　それで、君は新しい支店長とうまくやっていけてないんだね？
So you can't get along well with the new branch manager?
　　　　　can・gedalon [well with]

④　意見を強く言ってくる人とはうまくやっていけないかい？
You can't get along well with opinionated people?
　　　can・gedalon [well with]

⑤　君は価値観の合わない人とはうまくやっていけないよ。
You can't get along well with people who don't share your values.
　　　can・gedalon [well with]

リスニング UP のポイント

can't の t は音としては出てきませんが、肯定形の can よりは一瞬 t を飲み込む間が感じられるはずです。get along も早口になりますが、t が飲み込まれるか、あるいは d の音に変化し gedalon と聞こえます。well の ll は決して「ル」ではなく、「ゥ」に近い。でもたいていは聞こえません。

英語の耳づくりエクササイズ 113

while looking over photos

意味
写真を見ながら

実際はこう聞こえる ➡ [while] lukinover・fotoz

Listen carefully!

1. 写真を見ていて、彼は発見しました。
   He made the discovery while looking over photos.
   [while] lukinover・fotoz

2. 写真を見ながらチョコレートケーキを楽しみました。
   I enjoyed the chocolate cake while looking over photos.
   [while] lukinover・fotoz

3. 写真を見ながら、彼女は彼らのドレスにとくに注目しました。
   While looking over photos, she took special notice of
   [while] lukinover・fotoz
   their dresses.

4. そのイベントの写真には、私が長い間会っていない人たちがいた。
   While looking over photos of the event, I saw people
   [while] lukinover・fotoz
   whom I hadn't seen in a long time.

5. ギャラリーで写真を見ている間、私は鮮明な色彩に気づかずにはいられなかった。
   While looking over photos in the gallery, I couldn't help
   [while] lukinover・fotoz
   but notice the vivid colors!

リスニング UP のポイント

while のうしろには「〜している」という動詞句が来ることが多いので、look ではなく looking「見ながら」をキャッチできるかがポイント。looking over は中央の g を落音させ、n と over がつながります。

Lesson10

英語の耳づくりエクササイズ 114

you're talking about

実際はこう聞こえる ➡ **yur・taukin・bou**

意味
あなたが言っていること

Listen carefully!

⭐1 残念ながら彼らにはあなたが何を話しているのか分かりません。
I'm afraid they have no idea what you're talking about.
　　　　　　　　　　　　　　　　　　　yur・taukin・bou

⭐2 社会問題について話しているんだろう？
You're talking about social problems, right?
yur・taukin・bou

⭐3 自分のことを言ってる！
You're talking about yourself!
yur・taukin・bou

⭐4 ごめん。でも誰も君が言っていることが分からないんだ！
I'm sorry but nobody knows what you're talking about!
　　　　　　　　　　　　　　　　　　yur・taukin・bou

⭐5 あなたが言ってるのが何ページか分からない。
I'm not sure what page you're talking about.
　　　　　　　　　　　　yur・taukin・bou

リスニングUPのポイント

you're はきわめて短いので聞きこぼさないよう注意です。talking の語尾 g は落音し、その前の n が about とリエゾンします。about の t も落音しますので、taukin・bou といった聞こえ方になります。

英語の耳づくりエクササイズ 115

you got to

実際はこう聞こえる ➡ **yu・gotta**

意味
〜しなければ

Listen carefully!

★1 やらなければならないことをやるだけよ！
You got to do what you got to do!
　yu・gotta

★2 行かなければならないとき、誰もあなたを止めません。
When **you got to** go, no one can stop you.
　　　　yu・gotta

★3 もっと協力してよ。
You got to cooperate better.
　yu・gotta

★4 冗談でしょ！
You got to be joking!
　yu・gotta

★5 自分のものをとるしかないでしょ。
You got to take what's yours.
　yu・gotta

リスニング UP のポイント

got to がシャープに gotta と聞こえます。You got to → yu・gotta で耳になじませてください。

Lesson10

英語の耳づくりエクササイズ 116

will start at ten

意味
10時に始まる

実際はこう聞こえる ➡ [will] star·tat·ten

Listen carefully!

① 全クラスが朝10時から始まります。
All classes **will start at ten** in the morning.
[will] star·tat·ten

② 講義が始まるのは10時でしたか？ それとも11時？
The lectures **will start at ten** or eleven o'clock?
[will] star·tat·ten

③ 試合は10時ちょうどスタートです。
The games **will start at ten** sharp.
[will] star·tat·ten

④ 晴雨にかかわらず、競技は10時に始まります。
Rain or shine, the tournament **will start at ten**.
[will] star·tat·ten

⑤ あなたが準備ができたかどうかにかかわらず、私たちは明日10時に出発します。
Whether you're ready or not, we **will start at ten** tomorrow.
[will] star·tat·ten

リスニングUPのポイント

まず start at がリエゾンし、star·tat と聞こえます。start の t の音が d に変化しないのは、at が強調されるためです。前置詞は比較的弱く発音されますが、時間を言うときの at は強いです。つづいて at ten では t が連続しますので、1つにまとめて aten くらいに聞こえることもあります。

英語の耳づくりエクササイズ 117

won't be available until

意味 〜まで都合がつかない

実際はこう聞こえる ➡ [won't be] 'veilable·til

Listen carefully!

① 私は今日の午後まで都合がつきません。
　I won't be available until this afternoon.
　　[won't be]'veilable·til

② その弁護士は裁判が終わるまで都合がつきません。
　The lawyer won't be available until after the court session.
　　　　　　[won't be]'veilable·til

③ その先生は夏休みが終わるまで都合がつきません。
　The teacher won't be available until after summer vacation.
　　　　　　[won't be]'veilable·til

④ そのアイテムは追って通知があるまで利用できません。
　The item won't be available until further notice.
　　　　[won't be]'veilable·til

⑤ インターネット接続は明日まで利用できません。
　Internet access won't be available until tomorrow.
　　　　　　　[won't be]'veilable·til

リスニング UP のポイント

available の頭の a は省略です。a を気にしていてはネイティブのスピードには追いつけませんので、'veilable で慣れておきましょう。until も頭の un をカットする大ざっぱさが英語圏にはあります。伝わればOKという考え方なので、できるだけ簡単な英語を使うことが好まれます。

英語の耳づくりエクササイズ 118

would that work for

意味 大丈夫ですか

実際はこう聞こえる ➡ **wud・tha・wor[for]**

Listen carefully!

⭐1 ご都合はいかがでしょう？
I'm wondering, would that work for you?
　　　　　　　　 wud・tha・wor[for]

⭐2 ジョニーは大丈夫かい？
Would that work for Johnny?
wud・tha・wor[for]

⭐3 それは日本人従業員でもOKですか？
Would that work for Japanese employees?
wud・tha・wor[for]

⭐4 それは長い髪に効きますか？
Would that work for long hair?
wud・tha・wor[for]

⭐5 みんなこれでいけますか？
Would that work for everyone?
wud・tha・wor[for]

リスニングUPのポイント

would はまだ実現していない仮定のことを話していることを示しています。for のあとに来る名詞にとって that が work（働く・効果がある）か尋ねる表現と、「that work for〜」（〜も大丈夫？）と尋ねる表現です。that と work の語尾が落音してシャープに発音されても、聞き取れるかがポイントです。

英語の耳づくりエクササイズ **119**

where it is

意味: どこにある

実際はこう聞こえる ➡ [where] i・diz

Listen carefully!

CD 71 (ゆっくり ▶ ナチュラル)

① どこにあるかは知らない。
I don't know where it is.
　　　　　　　　[where] i・diz

② どこにあるか、あなたは知ってる？
Do you know where it is?
　　　　　　　[where] i・diz

③ どこにあるか、いますぐ私に教えなければいけません。
You must tell me right now where it is.
　　　　　　　　　　　　　　　[where] i・diz

④ マネージャーだけがどこにあるか分かっています。
Only the managers know where it is.
　　　　　　　　　　　　[where] i・diz

⑤ どこにあるか私に教えてくれる？
Can you tell me where it is?
　　　　　　　　[where] i・diz

リスニング UP のポイント

what の t が母音とつながると d に変化することを学んできましたが、it の t も同じです。it is がネイティブスピードになると i・diz と聞こえることがあります。

Lesson10

英語の耳づくりエクササイズ 120

what you need are

意味
あなたに必要なのは

実際はこう聞こえる ➡ **waju・nee [are]**

Listen carefully!

① あなたが欲しいものと必要なものは同じではない。
What you want and what you need are not the same.
waju・nee [are]

② 君に必要なのはもっとアンドリューのようなサポーターだ。
What you need are more supporters like Andrew.
waju・nee [are]

③ 必要なのはもっと短い爪と長い指だよ！
What you need are shorter nails and longer fingers!
waju・nee [are]

④ あなたに必要なのは適切な道具です。
What you need are the right tools.
waju・nee [are]

⑤ 君に必要なのはアダプターだよ。
What you need are adapters.
waju・nee [are]

リスニング UP のポイント

What you need は waju・nee と聞こえ、この3語で1つのかたまりです。そのため、need の語尾 d は are とリエゾンさせない場合のほうが多いのです。need の d を喉の奥で飲み込んだあと、are をきれいに発音します。例文3の内容はピアノを弾く人に必要なものを表しています。

ダイアローグ

A difficult girlfriend

Girlfriend: Do you know what I'm thinking?

Boyfriend: You should have done better while I was away?

Girlfriend: You've got it all wrong. No, I have no regrets.

Boyfriend: OK, let me try again. What I'm going to say may be problematic…

Girlfriend: I'm listening.

Boyfriend: You can't get along well with your mother. While looking over photos, I noticed that you never smile when you're with her.

Girlfriend: I don't know what you're talking about!

Boyfriend: Then you got to explain.

Girlfriend: Your work will start at ten and you won't be available until around one o'clock, right?

Boyfriend: That's right.

Girlfriend: Let's talk over lunch today. Would that work for you? How about doing lunch at Teddy's on the corner. Do you know where it is?

Boyfriend: Sure. What you need are people who can read your mind!

Girlfriend: Are you implying I'm high maintenance?

Boyfriend: Ha ha, you're just being a woman.

Girlfriend: See you later.

> **ダイアローグ**

気むずかしい彼女

女性：私が何を考えているか分かる？

男性：もっとうまくやるべきだった？

女性：そんなんじゃないわ。いいえ、私は悔んでなんかいません。

男性：オーケー、もう一度トライするよ。僕が言おうとしているのは、ちょっと誤解があるかも…

女性：聞くわ。

男性：君は母親とうまくやっていくことができずにいる。写真に目を通している間、気づいたんだ。君が彼女といるとき、決して微笑んでいないことに。

女性：あなたが何を言っているのか分からないわ！

男性：そしたら説明してくれ。

女性：あなたの仕事は10時に始まって、1時前後まで都合がつかないわよね？

男性：その通り。

女性：今日の昼食に話しましょう。いいですか？ 角のテディで昼食はどう？ 場所わかる？

男性：もちろん。君に必要なのは君の心を読むことができる人だね。

女性：私って世話がやけるって言ってるの？

男性：ハハ、女性ってことさ。

女性：あとでね。

映画の
セリフを聴き取る

　ノスタルジックで心温まる映画『ギルバート・グレイプ』から日常会話で使えるセリフをピックアップしました。

　『ギルバート・グレイプ』の原題は『What's eating Gilbert Grape.』。

　Gilbert Grape というのは主人公の名前。原題に使われている eat には「(心配事や病気により)やつれさせる、ひどく悩ませる」という意味があって、原題は正確には『ギルバート・グレイプ、何がそんなに悩ませるの？』という題名になります。

　まだそれほど有名じゃなかった頃のジョニー・デップやレオナルド・ディカプリオ、そしてジュリエット・ルイスが出演。　　　　(1993年アメリカ)

He's, uh, about to (bouta) turn 18 and have a big party.

　脳に障害がある弟アーニーは大のいたずら好き。30メートルはありそうな塔に登って皆を冷や冷やさせます。町の人々は心配そうに見守るのと同時に、「またか」と冷ややかにアーニーを見上げています。拡声器を持った警官が「危ないから降りるんだ」と叫びます。でもアーニーはますます降りる気配を見せず、上に登っていきます。そこへ兄ギルバートが登場。警官から拡声器を借り、アーニーの気を引くために歌のリズムにつけて言ったセリフがこれです。

He's, uh, about to turn 18 and have a big party.

　脳の病気のため長生きできないと言われているアーニー。そんな弟が18才になろうとしている。ギルバートが彼を見つめる目は他の誰とも違います。

語句チェック **be about to~**　まさに~しようとして

訳 アーニーはもうすぐ18歳になろうとしています。だから大きなパーティーも開かれる。

Look, all I'm saying is that she's not the biggest I ever seen, okay?

(alaim sayin)

いつも面倒を起こす弟の行動を見張るのがギルバートの役目ですが、そんな彼もタッカーやボビーという友達と過ごす時間を楽しみにしていました。ここではタッカーと交わした会話から、よく使うのに聞き取りにくい表現をピックアップ。

Tucker: Look, all I'm saying is that she's not the biggest I ever seen, okay?
Gilbert: Tucker, she's a whale!
Tucker: Well, take her out for a walk once in a while.

タッカー： ほら、俺が言いたいのは、今まで見てきた中で、彼女が一番大きいというわけじゃないってことだよ。わかるか？
ギルバート： タッカー、彼女はクジラだよ。
タッカー： う～ん、たまには彼女を散歩に連れてけよ。

訳 ほら、俺が言いたいのは、今まで見てきた中で、彼女が一番大きいというわけじゃないってことだよ。わかるか？

Big doesn't even sum it up, right?

(sum idu(p))

ノスタルジックな風景の中、ギルバートが恋をした旅人ベッキーと交わした会話の一つ。

Becky : I love the sky. It's so limitless.
Gilbert: It is big. It's very big.
Becky : Big doesn't even sum it up, right? That word big is so small.

ベッキー　：空って大好き。どこまでも果てしないんだもん。
ギルバート：空は大きいね。とても大きい。
ベッキー　：大きい、なんて言葉ではうまく言い表せないくらいにね。
　　　　　　大きいなんて言葉が（空に比べたら）小さすぎるよ。

語句チェック **sum～up** まとめる

訳 大きい、なんてコトバではうまく言い表せないくらいにね。

(hav enal wayz)
I haven't always been like this.

　クジラのような大きな体をしたギルバートの母。夫が自殺してからというもの7年間、ソファから動かず、ものを食べ続けたせいです。昔は美人だったのに、いまや町中の笑いもの(joke)になってしまった母。ギルバートはそんな母が恥ずかしくてたまりません。でも好きになったベッキーには母をどうしても紹介したかった。彼女なら母を笑いものにしないと思ったから。

　太った母を見て驚くベッキー。見られて恥ずかしがる母。

Momma: I haven't always been like this.
Becky　: Well, I haven't always been like this, either.

ママ　　：ずっとこんなだったわけじゃないのよ。
ベッキー：ええ、私だってずっとこんなだったわけじゃないわ。

　このときのベッキーの受け答えが泣かせます。母と同じセリフを使うことで、その場の張りつめた空気をいっぺんに和らげてくれました。

訳　ずっとこんなだったわけじゃないのよ。

INDEX

A

a couple of days ago 42
a friend of mine 43
about an hour a day 46
After all these years 45
ahead of us 44
All we'll need is 51
almost sure that that's her ... 110
an amazing achivement 47
and a bite to eat 105
and an old 104
Aren't you worried about 50

B

been wanting to go to 90
between you and me 86
but then it turned into 59

C

call it a day 49
Can I have a look 58
Can you guess 60
can't get along well with 156
Care if I join 57
check them out 64
could have been much worse ... 61
couldn't agree more 62

D

Do you ever wish you could ... 63
Do you mind if 65
Do you want another 66
don't even know 67

F

for a long time 72
forty-eight 103

G

Get out of here 73
get so absorbed in it that ... 79
getting on my nerves 74

give it a go ... 81
going on for a while ... 82

H

has not landed yet ... 102
have an advantage ... 76
have kept in mind ... 83
Have you heard about ... 80
haven't seen her ... 108
heard that it's ... 91

I

I am trying to stop ... 75
I hope you don't mind ... 78
I think we ought to ... 109
I'd like you to ... 77
I'll surely be ... 12
I'm not good at ... 13
I'm on ... 15
I'm one of ... 14
I'm scheduled to meet with ... 84
I'm sorry to hear that ... 143

in about an hour ... 18
in the middle of ... 16
Is that a ... 29
Is that a kind of ... 17
is the same as ... 20
Isn't it a ... 22
It won't be long before ... 21
It'll only take you ... 19
it's out of order ... 33
it's supposed to ... 124
I've done enough ... 30
I've got to go to ... 23
I've heard of that ... 34
I've heard that ... 31

J

Just name a few ... 119

K

keep an eye on ... 32
kind of like a ... 48

L

let it bother 122
Let me lend you a hand 125
look forward to hearing
  from you 37

M

make it a point to 36
meet at the 147
Morning 56

N

nearly one in five 35
never thought about 28
No matter what 95

O

Okay, is that all then 115
on our way 138
once in a while 114

P

paid a lot of attention 120
picked it up 121
print them right away 123

S

should have done better 153
stay in touch 145
stop by to take a look 126

T

take a ride on 130
take another look at 131
taking in 96
That sounds good 106
That will be 94
the first half of the week 142
There must be some 132
They are having a 93
throughout the world 133
turned out to be 134

W

we haven't met 140
Were you able to figure out ... 135
what am I doing 136
What an honor to 141
What are you going to 107
what are you into now 85
what day and time 146
What did you say 137
What do I have to do 139
What do you think of 144
What else 118
what I'm going to say 155
What I'm looking for 117
what I'm thinking 152
What sort of 116
what you need are 164
when you get back 97
where it is 163
while I was away 154
while looking over photos ... 157
Why did you decide to 92
will start at ten 160
won't be available until 161
would that work for 162

Y

you got to 159
you're talking about 158

175

★著者紹介★
リサ・ヴォート　Lisa Vogt

アメリカ・ワシントン州生まれ。メリーランド州立大学で日本研究準学士、経営学学士を、テンプル大学大学院にてTESOL（英語教育学）修士を修める。専門は英語教育、応用言語学。2007年から2010年までNHKラジオ「英語ものしり倶楽部」講師を務める。現在、明治大学・青山学院大学にて教鞭を執り、異文化コミュニケーターとして、新聞・雑誌のエッセイ執筆など幅広く活躍。一方、写真家として世界6大陸50カ国を旅する。最北地は北極圏でのシロクマ撮影でBBC賞受賞。最南地は南極大陸でのペンギン撮影。著書『魔法のリスニング』『魔法のときめき英単語』『魔法の英語なめらか口づくり』『超一流の英会話』（Jリサーチ出版）ほか語学書多数。写真集に『White Gift』（木耳社）『北極シロクマ南極ペンギン』（メディアイランド）ほか。

カバーデザイン	滝デザイン事務所
本文デザイン／DTP	ポイントライン
イラスト	イクタケマコト
CD録音・編集	一般財団法人 英語教育協議会（ELEC）
CD制作	高速録音株式会社

J新書㉚
もっと魔法のリスニング

平成25年（2013年）11月10日発売　初版第1刷発行

著　者	リサ・ヴォート
発行人	福田富与
発行所	有限会社 Jリサーチ出版
	〒166-0002　東京都杉並区高円寺北2-29-14-705
	電　話　03（6808）8801㈹　FAX 03（5364）5310
	編集部　03（6808）8806
	http://www.jresearch.co.jp
印刷所	株式会社 シナノ パブリッシング プレス

ISBN978-4-86392-162-7　　禁無断転載。なお、乱丁・落丁はお取り替えいたします。
©Lisa Vogt 2013 All rights reserved.